社会保険労務士の世界がよくわかる本

大津章敬／林 由希／中村秀和
出口裕美／安中 繁／下田直人

日本実業出版社

はじめに

「社会保険労務士」という仕事が気になったあなたへ

この度は本書を手に取っていただき、ありがとうございます。

働き方改革が進められ、企業の中でヒトの重要性が高まる中、社会保険労務士（以下、「**社労士**」といいます）の存在感は年々大きなものとなっています。

本書では、社労士受験生や若手社労士の皆さんをメインの読者層と想定し、SNSなどではわからない社労士の仕事の実際や魅力などについて、６人の現役社労士でまとめています。

社労士は**社会を良くすることができる素晴らしい仕事**です。本書を通じて、その魅力が多くの皆さんに伝わり、社労士を志す皆さんが一人でも増えることを願っています。

執筆者代表
大津章敬

カバーデザイン　井上新八
イラスト　松尾 達
ＤＴＰ　一企画

社会保険労務士の世界がよくわかる本 ◎ 目次

CHAPTER 4

顧客開拓・サービス開発をどう進めるか

安中 繁

CHAPTER 5

ぶれない経営に必要なマインドセット

下田 直人

CHAPTER 6

トップランナーが語る社労士の未来

CHAPTER 0

「社会保険労務士」とはどんな資格なのか

大津 章敬

CHAPTER 0

01 そもそも「社会保険労務士」とは何か

労働社会保険に関する法律のエキスパート

社労士は、社会保険労務士法（以下、「社労士法」といいます）という法律に基づいた**国家資格者**で、**労働社会保険に関する法律のエキスパート**です。

企業を運営するためには「ヒト」「モノ」「カネ」「情報」という経営資源を最大限効率的に活用していくことが求められますが、社労士はこの中の**「ヒト」の専門家**であり、人材や組織に関する問題解決や活性化を通じて、事業の健全な発展と労働者等の福祉の向上を推し進めています。

また、各都道府県の社会保険労務士会（以下、「都道府県会」という）の連合組織である全国社会保険労務士会連合会（以下、「連合会」という）では『「人を大切にする企業」づくりから「人を大切にする社会」の実現へ』というコーポレートメッセージを発信し、社労士のスタンスを示しています。

画像：連合会　2019年５月制作ポスター

こんなふうに書くと難しく聞こえますが、要は**「従業員と会社の双方が安心して仕事に集中することができる、よい会社づくり」を通じて、社会を良くする仕事**を行っています。

社労士制度の歴史

社労士は、**1968年12月2日に社労士法が施行**され、その歴史が始まりました。弁護士や税理士など他の士業と比較すると新しい資格ではありますが、2023年時点ですでに55年の歴史を持っています。その沿革を簡単に見ていきましょう。

我が国では戦後の復興期に合わせて日本の雇用・労働体制が確立されるとともに、社会保障制度の整備が急ピッチで進められました。これに伴い、多様化した中小企業の労務管理への対応および社会保険に関する事務処理に専門的な知識・経験が必要とされるようになり、昭和20年代中頃から労務事務代行業が自然発生的に生まれました。

一方で、これらの代行業者の中には、著しく高額の報酬を求めたり、労働争議に不当に介入する者が現れるようになったことから、「業界団体を結成し、自主的な規律の確立と資質の向上を図るべき」という機運が高まり、「労務管理士」と「社会保険士」が誕生しました。

その後、「労務管理士」と「社会保険士」は広く認知され、社会における重要度が増していきましたが、そのような動きを受け、両制度を併せて法制化する動きが活発となり、1968年に社労士法が施行されたのです。

さらに時を経て、社労士法は図表「これまでの社会保険労務士法改正の概要」にあるように８回に亘る法改正を繰り返すことで、その業務の幅を拡大し、現在の形となっています。

これまでの社会保険労務士法改正の概要

第１次法改正	
1978(昭和53)年５月20日公布 1978(昭和53)年９月１日施行	•提出代行業務の追加　•社労士会の設立等 •連合会の設立等　•社労士会及び連合会の行政機関への協力
第２次法改正	
1981(昭和56)年６月２日公布 1982(昭和57)年４月１日施行	•社労士の職責の明確化　•団体登録制への移行 •提出代行事務の範囲の拡大　•懲戒、罰則規定等の整備 •申請等に関する付記の制度の新設 •社労士会及び連合会の事務の範囲の拡大等 •社労士となる資格の要件の整備
第３次法改正	
1986(昭和61)年５月23日公布 1986(昭和61)年10月１日施行	•事務代理の新設　•勤務社労士に関する規定の整備 •研修受講等の努力義務化
第４次法改正	
1993(平成５)年６月14日公布 1994(平成６)年４月１日施行	•職務内容の明確化 •登録即入会制への移行
第５次法改正	
1998(平成10)年５月６日公布 1998(平成10)年10月１日施行	•社労士試験の試験事務の連合会への委託等 •事務代理等の範囲の拡大等
第６次法改正	
2002(平成14)年11月27日公布 2003(平成15)年４月１日施行	•あっせん代理業務の追加等　•社労士の権利及び義務に関する規定の整備　•社労士試験の受験資格の緩和　•社労士法人制度の創設 •登録事項の整備等　•社労士会及び連合会の会則の記載事項の整備 •懲戒事由の通知に関する規定の追加等　•法人制度設立に伴う罰則の整備
第７次法改正	
2005(平成17)年６月17日公布 2006(平成18)年３月１日及び 2007(平成19)年４月１日施行	•紛争解決手続代理業務の拡大 •紛争解決手続代理業務に係る研修及び試験 •労働争議不介入規定（法第23条）の削除 •社労士法人に関する規定の整備
第８次法改正	
2014(平成26)年11月21日公布 2015(平成27)年４月１日及び 2016(平成28)年１月１日施行	•個別労働関係紛争に関する民間紛争解決手続における紛争の目的の価額の上限額の引き上げ •補佐人制度の創設 •社員が１人の社労士法人の設立に関する規定の整備

出所：連合会「社会保険労務士白書2023年版」のデータをもとに作成

社労士は全国に何人いるのか

近年では人気国家資格といわれるようになっている社労士ですが、その登録者数は年々増加し、2023年３月31日現在の登録者数は44,870人となっています。

年度末登録者数推移

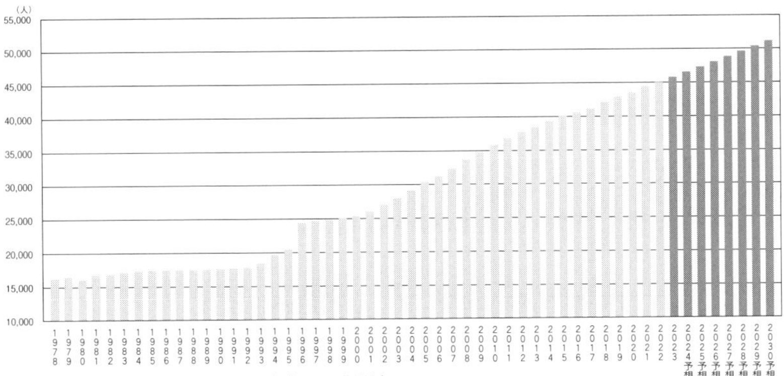

出所：連合会「社会保険労務士白書2023年版」

この登録者数を他士業と比較すると以下のようになっており、弁護士とほぼ同じ人数となっています。

登録者数を比較すると…

税理士	行政書士	社会保険労務士	弁護士	公認会計士	司法書士
80,692人	51,041人	44,870人	44,101人	34,436人	23,059人

※人数は2023年３月末時点のもの

今回のデータは、連合会が2020年以降、毎年発刊している「社会保険労務士白書」から引用していますが、この白書を読むと、いまの社労士を取り巻く状況を多面的に理解することができます。是非、以下よりダウンロードのうえ、ご覧ください。

https://www.shakaihokenroumushi.jp/about/tabid/203/Default.aspx

CHAPTER 0

02 社労士の仕事の範囲（1・2・3号）

業務内容は社労士法第2条1項の1号から3号に規定

社労士の業務については、「1・2号業務」や「3号業務」といった言葉を聞いたことがある方も多いのではないかと思います。

社労士ができる業務の内容は、社労士法第2条1項の1号から3号に規定されており、その概要は以下のとおりです。

1号業務　労働社会保険諸法令に基づく申請書等の作成、提出代行、事務代理

1号業務とは、社労士の最も基本的な業務である労働社会保険諸法令に基づく申請書類の作成・届出等の、いわゆる**手続業務**のことをいいます。具体的には以下のような業務がこれに該当します。

- 従業員の入退社に伴う社会保険・雇用保険の取得・喪失手続
- 私傷病や出産・育児休業等に関する申請・給付手続
- 労働災害発生時の申請・給付手続
- 会社設立時などの労働保険・社会保険の適用手続
- 社会保険算定基礎届の作成・提出
- 労働保険の年度更新手続
- 10人以上の従業員を使用する事業場における就業規則の作成・届出
- 36協定等行政機関へ届出が義務づけられている各種協定の作成・

届出

- 雇用関連助成金の申請　など

その他、紛争解決手続代理業務試験に合格した特定社労士であれば、個別労働紛争のあっせんや調停の手続代理業務がここに加わります。

2号業務　労働社会保険諸法令に基づく帳簿書類の作成

2号業務とは、いわゆる法定3帳簿を中心とした**労働社会保険諸法令に基づく帳簿書類の作成業務**のことをいいます。具体的には以下のような帳簿書類を作成します。

- 労働者名簿
- 賃金台帳
- 出勤簿
- 10人未満の従業員を使用する事業場における就業規則
- 行政機関への届出が義務づけられていない各種労使協定
- 労働条件通知書
- 災害補償に関する書類　など

3号業務　労務管理、労働および社会保険に関する事項についての相談・コンサルティング業務

3号業務とは、**1号業務および2号業務**（これらをまとめて「1・2号業務」といいます）**以外の業務**（労務管理や労働および社会保険に関する相談対応や各種コンサルティングなど）のことをいいます。この分野で取り扱う業務は様々ですが、具体的には以下のような業務が存在します。

- 人事労務管理等に関する相談業務

- 人事制度構築コンサルティング
- 人材確保のための採用コンサルティング
- 高齢者や障害者の雇用に関するコンサルティング
- 働き方改革に対応した柔軟な働き方の導入コンサルティング
- パーパス策定や人材戦略立案のためのコンサルティング　など

このうち、**1・2号業務は社労士しか業として行うことができない独占業務**であるのに対し、3号業務は社労士でなくても行うことができる業務とされています。

「今後、1・2号業務はなくなる」というのは本当？

社労士の合格者や若手の皆さんとお話をすると高確率で聞かれるのが「今後、1・2号業務はなくなっていく。これからの社労士の生きる道は3号業務しかない」という意見です。

この意見に関し、まず3号業務の重要性が、今後さらに高まっていくことは間違いありません。少子高齢化による労働力人口の減少は深刻な採用難を招いており、人材の安定的な確保は企業における最大の経営課題の1つとなっています。

それを解決するための採用支援や人事制度・労務管理諸制度整備のコンサルニーズは引き続き高まっていくでしょう。

しかし、「1・2号業務がなくなる」という意見については強い違和感があります。

近年、HRTechと呼ばれる企業の労務管理や社会保険手続き等を支援するクラウドサービスが数多く登場しています。

確かに企業がこういったサービスを使いこなすことで、社労士の１・２号業務の一部が代替されることはあるでしょう。

しかし、従業員の入退社に伴う資格取得・喪失手続など比較的簡単で、かつ頻度が高い業務はともかくとしても、**発生頻度が低い手続きや労災給付など難易度が高い手続きを行うには、一定以上の専門知識が求められます**し、企業の組織体制の変化や法改正により新たに求められる対応などがシステムに代替されることは、まだ当面ないでしょう。

また、深刻な人手不足により、企業の管理部門も十分な人員を配置することができず、外部にアウトソーシングできる業務は社内では行わず、積極的に外部委託するという企業も増えています。

このように考えれば、１・２号業務は時代によって形やニーズは変わりながらも、今後も社労士の重要業務であり続けるでしょう。

多くの社労士の関心が３号業務に向く中、**安定感を持って確実に１・２号業務を行うことができる社労士事務所の価値が見直される時代が遠くない将来にやってくるのではないか**と予想しています。

皆さんがどのような社労士を志されるのかはわかりませんが、世間の風評の多くは必ずしも真実ではありません。自ら情報を集め、判断することが重要です。

CHAPTER 0

03 社労士固有の立ち位置（社労士法第１条）

社労士は「労働者側」でも「使用者側」でもない

弁護士の場合、利益相反を避けるため、弁護士法および弁護士職務基本規程により双方代理が禁止されています。そのため、労働事件においては労働者側弁護士と使用者側弁護士に分かれることになります。

これに対し、**社労士には労働者側・使用者側という概念はありません**。この点について社労士法第１条に基づき、解説していきます。

> **社労士法第１条（目的）**
> この法律は、社会保険労務士の制度を定めて、その業務の適正を図り、もつて労働及び社会保険に関する法令の円滑な実施に寄与するとともに、事業の健全な発達と労働者等の福祉の向上に資することを目的とする。

この条文を分解すると、社労士には社会、使用者、労働者という３つのステークホルダーに対する責任が定められていることがわかります。

①**社会**に対する責任…労働および社会保険に関する法令の円滑な実施に寄与する

②**使用者**に対する責任…事業の健全な発達に資する

③**労働者**に対する責任…労働者等※の福祉の向上に資する

※労働者等の「等」には労働者の家族などが含まれる

「社労士は企業と契約して報酬を得ているから使用者側である」といわれることがありますが、そんな単純な話ではありません。

仮に社労士が完全な使用者側として、法律を都合よく解釈し、従業員を不利な条件で働かせるような提案を行ったとしましょう。その場合、この企業の従業員は労働条件に不満を持ち、労使の信頼関係は損なわれることになります。その結果、様々な労働トラブルの発生や多くの従業員の離職を招くことになるでしょう。

それで「事業の健全な発達」が実現できるのでしょうか？

社労士が目指しているのは、労使のいずれかが勝って、いずれかが負ける状態ではありません。労使ともに相互の立場を尊重し、労使全体として幸せになることができる**全体最適の状態をつくることが重要**であって、その結果として「事業の健全な発達と労働者等の福祉の向上」を図ることができるのです。

近年、働き方の多様化が進む中で、労使の十分なコミュニケーションを確保し、労使自治による企業経営を行うことの重要性が高まっています。これからの社労士はそうした労使のコミュニケーションのハブとなって、安心して働くことができる職場づくりを進めていくことが求められます。

最も重要な経営資源である「ヒト」を扱う専門家

企業経営を行ううえでは様々な要素が必要とされますが、中でもヒト、モノ、カネ、情報は４大経営資源と呼ばれ、企業経営には不可欠なものとされています。

社労士はこれら４大経営資源の中の１つである**「ヒト」を扱う専門家**になりますが、その重要性は年々高まっています。なぜなら、この４大経営資源のうち、モノ、カネ、情報の３つは社会に溢れる傾向にあるのに対し、ヒトだけは年々減少しているからです。

まずは**モノ**。製品や生産設備などの機械、オフィスやパソコン、土地などが、これに該当します。かつては製造業が中心の経済でしたので、生産設備などのモノが競争優位の源泉となっていました。しかし、IoTやAIなどによる第４次産業革命が進む現代においては、GAFAの隆盛を見ればわかるとおり、相対的にモノの重要性は低下しています。

次に**カネ**。企業経営をしていくためには運転資金は不可欠なものであり、それが途絶えると企業は倒産することになります。カネが重要な経営資源であることに間違いはありませんが、バブル崩壊以降継続する超低金利・金融緩和政策の中で、市場にはカネが溢れている状況にあります。

そして、**情報**。近年の情報化社会において情報の重要性は高まるばかりです。同時に誰でも簡単に情報が手に入れられる時代となりました。生成AIが社会を変えるといわれていますが、それ以前にインターネットやスマホの普及によって、世界中の誰もが簡単に多くの情報にアクセスできるようになりました。むしろ情報が溢れ過ぎており、その取捨選択が重要な課題となっています。

このように４大経営資源のうち、モノ、カネ、情報は社会に溢れる状況となっているのに対し、**日本においてはヒトだけは年々、確実に減少**しています。

下図「日本の人口の推移」は我が国の人口の推移を今後の予測も含めて表したものですが、日本の人口は、2008年の１億2,808万人をピークに減少に転じています。

2022年の総人口は１億2,495万人ですが、出生数は激減しており、第一次ベビーブームのピーク（1949年）が269万人、第二次ベビーブームのピーク（1973年）が209万人であったのに対し、2022年の出生数は80万人を割り込んでいます。

当初の予測を超えるペースで少子化が進展しており、このままでは今後急速に我が国の人口は減少していくことになります。

日本の人口の推移

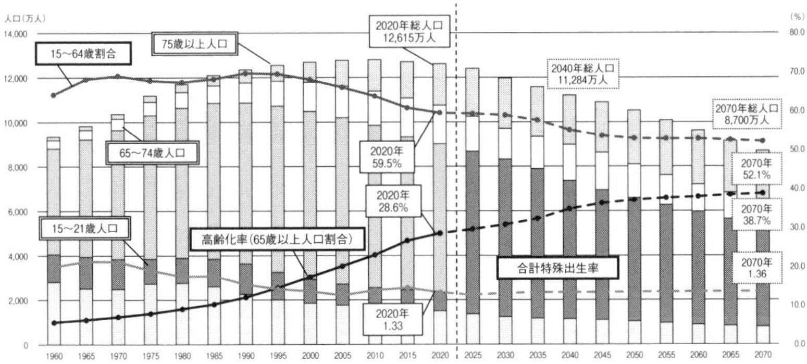

出所：「令和５（2023）年版厚生労働白書」（P. 3）

正社員・非正社員の人手不足割合(月次推移)

出所：東京商工リサーチ
「人手不足に対する企業の動向調査（2023年７月）」

こうした状況を背景に、企業は深刻な人手不足に苦しんでいます。右図は東京商工リサーチが毎月公表している企業の人手不足に関する調査ですが、リーマンショックと新型コロナウイルスの感染拡大で落ち込んだ時期はあるものの、それ以外は継続的に人手不足企業の割合が増加しており、2023年７月の調査では正社員不足の企業が51.4％と過半数を超えている状況になっています。

深刻な人手不足の傾向が当面、継続するのは確実であり、人材確保が難しくなっていくことは避けられません。

モノ、カネ、情報があったとしても、それを活用して事業を回していくのは「ヒト」であり、ヒトが確保できなければ経営は立ち行かなくなってしまいます。

このように**現在の企業経営において最も重要かつ希少性が高いヒトを扱うのが社労士の仕事**なのです。

AIで社労士の仕事はなくなるのか？

2015年12月に野村総合研究所は「日本の労働人口の49％が人工知能やロボット等で代替可能に」というレポートを発表し、世間を騒然とさせました。

そこには「人工知能やロボット等による代替可能性が高い100種の職業」が具体的にリスト化されており、その中に「会計監査係員」

「経理事務員」「人事係事務員」などの仕事が含まれていたことから、「税理士や社労士など士業の仕事はAIでなくなるのではないか？」という意見が聞かれるようになりました。

この点に関して、私は、AIの影響はあらゆる仕事に及ぶため、特に社労士が他の仕事よりも大きな打撃を受けるとは考えていませんし、ましてや社労士の仕事がなくなるとは一切考えてはいません。ただし、その影響により一部の仕事がなくなったり、形が変わったりすることは避けられないでしょう。

最近は生成AIが話題になっていますが、それ以前の電子化の進展によって、社労士業務にはすでに大きな変化が起こっています。

例えば、社労士の基本業務である社会保険等の手続業務は電子化が進み、仕事の仕方が変化しています。

かつては、お客様から入退社等の情報をFAXでもらい、それに基づき書類を手書きして、職安などに出向いて手続きを行い、最後は完成した書類などを持参もしくは郵送していました。

しかし、現在ではお客様からExcelファイルなどでデータを受領し、それを社会保険手続きのシステムに取り込んで電子申請を行い、ダウンロードした公文書等をクラウドサーバに登録し、お客様に納品を行うようになっています。

つまり、**すべての工程が電子化している**のです。

このように仕事のやり方が完全に変わったことで生産性は格段に向上しましたが、社会保険等の手続きはこれまでと変わらず、重要な業務として行われているわけです。

また、コロナ禍で進んだリモートワークによって、お客様との面談の形も、従来の対面一辺倒からリモートをうまく組み合わせるようになったことで効率が上がり、**近隣の企業だけでなく、全国各地の企業と契約をすることも可能**となりました。

こうした変化は今後、加速していくことでしょう。社労士もAI等をうまく活用することによって、業務の生産性をさらに高め、新しいサービス開発をしていくことが重要になります。

このように考えると、どのような業界でも、AIが仕事を奪うのではなく、AIを活用し、新たなサービスを打ち出していける人が、AIをうまく活用できない人の仕事を結果的に奪うという時代になっていくのでしょう。

さらに社労士の仕事は以下の2つの点から、他の仕事よりもAIの影響を受けにくいと考えています。

①感情を持ったヒトを扱う仕事である

現実の職場では、日々、様々なトラブルが起きており、社労士はその解決に向けた支援を行っています。

その中でいつも感じるのは**「ヒトは感情の生き物であって、必ずしも合理的な行動を取らない」**ということです。

そもそも合理的な判断や行動が行われるのであれば、世間からハラスメント問題はなくなるはずです。しかし、それがなくならないのは、ヒトの行動は合理性よりも感情が先に立つからです。

ヒトに関する問題解決を行う際には、理屈ではなく、その背後にある感情を理解し、そこにアプローチすることが重要です。

映画「ターミネーター２」のラストシーンに、「人間がなぜ泣くのかわかった。俺には涙を流せないが」というターミネーターの有名なセリフがありますが、このように人間の感情を理解できるAIが登場するのには、まだまだ時間がかかります。

この点については当分の間、人間の優位性は続くでしょう。

②企業や個人の重要な意思決定の支援を行う

例えば、皆さんの家族が命にも関わるような大きな病気に罹った場合、どのような対応をされるでしょうか？　たぶん、その病気の治療実績を持つ、信頼できる医師の診断を受け、しっかりと説明を受けたうえで意思決定をしたいと思われるはずです。スマホでChatGPTに質問し、その回答で済ますことはないでしょう。

企業経営者は日々、こうした重要事項について、ギリギリの意思決定を行っています。そこには絶対的な正解は存在せず、「どちらに進んでも、いばらの道」ということも少なくありません。

そのような重要な事項であればあるほど、**自社のことをしっかり理解してくれている専門家と腹を割って相談し、納得のうえで意思決定を行いたいと思うもの**です。

このように考えると、AI時代には、知識や情報面はAIを積極的に活用しながらも、様々な問題を抱える企業経営者や個人の感情を理解し、それに寄り添うことで、一緒になってよい結論に導くことができる社労士が求められます。

こうした理由から、社労士の仕事がすべてAIに取って代わられることは絶対にありません。

CHAPTER 0

04 社労士の働き方は多種多様

開業だけではない社労士の働き方

士業というと、「独立開業し、自分の事務所を構える」というイメージが強いと思いますが、社労士には「**①開業**、**②法人の社員**、**③勤務**、**④その他**」という4つの登録の種別が存在します（次ページ表参照）。これは他の士業にはない仕組みで、社労士の特徴となっています。

社労士の登録種別人数割合

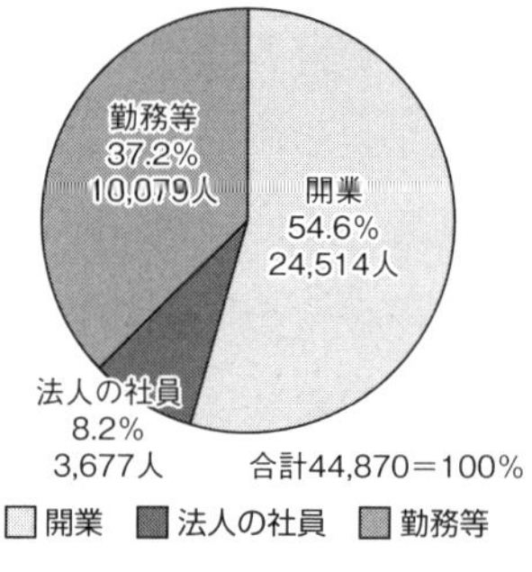

全国社会保険労務士会連合会「社会保険労務士白書」によると、各種別の登録人数は右の円グラフのようになっています（勤務等は「勤務」と「その他」の合計人数）。

近年は勤務等での登録が全体の37%となっており、その存在感が高まっています。なお、勤務等は企業数が多い都市部で高い割合になっており、東京都社会保険労務士会（以下、「東京会」という）では過半数が勤務等の登録です。

このように社労士制度は、そもそも多様な働き方を想定した仕組みづくりがされています。

社労士の4つの登録の種別

①開業	自ら社労士事務所を立ち上げ、業として社労士の仕事を行う場合の登録種別
②法人の社員	社労士業務を組織的に行うことを目的として設立された法人（以下、「社労士法人」という）の出資者であり、株式会社でいうところの取締役兼株主の位置づけ。開業同様に、業として社労士の仕事を行うことができる登録種別
③勤務	自ら社労士事務所を立ち上げ、業として社労士の仕事を行うのではなく、社労士事務所や一般企業に雇用され、その勤務先での社労士業務を行う登録種別。自ら企業等と契約して社労士業務を行うことはできない
④その他	①～③には当てはまらない場合の登録種別。社労士の業務を行うことはできないが、社労士会に登録されていることで、会報が送付されるとともに、社労士会の研修等に参加することができる。企業等に勤務しているが、営業職など、その企業内で社労士業務に該当する業務を担当しない部署に所属しているようなケースで活用される。なお、「社労士」という肩書を使用するためには、登録が必須となっている

すぐに開業しない場合の登録はどうするか

社労士合格後、開業をする場合は、事務所所在地の都道府県会に開業または法人の社員として登録をしなければなりませんが、すぐに開業を考えていない場合、都道府県会に登録するべきかどうかを悩むケースがよく見られます。

登録には登録手数料や入会金が必要ですし、その後も毎月の会費（東京会の場合、2023年12月１日現在、勤務等で月額3,500円）が必要となるため、この費用を支払うだけの価値があるのかと多くの合格者が悩むポイントとなっています。

この点について、私は以下の理由から登録をおすすめしています。

①社労士会の研修等に参加し、知識のメンテナンスができる

社労士試験は難関資格となっており、複数年受験は当たり前。中には10年以上、勉強を続けて合格したケースも少なくありません。

受験生は多くの悩みや不安の中で勉強を進めることになりますが、その悩みは合格をした瞬間に**「この知識をいかに維持・更新していけばよいのか」**に変わります。

試験勉強の中で覚えた知識の維持や、毎年行われる法改正や環境変化に伴って次々と登場する新たなテーマのキャッチアップができないと、ペーパードライバーのような状態になってしまいます。「今さら怖くて開業などできない」と自らの選択肢を狭めてしまうことを防ぐためには、**社労士会の研修の活用が効果的**です。

社労士会には、**(1)連合会**（全国）、**(2)地域協議会**（全国６つの地域ブロック）、**(3)都道府県会**、**(4)支部**（支部のない県会も存在）という、大きさが異なる４つのくくりがあり、それぞれで様々な研修を実施し、会員の資質向上に取り組んでいます。

例えば、(1)連合会であれば会員だけがアクセスできる会員専用のホームページが用意されており、その中で様々な研修を**eラーニング**で受講することができます。

かつて社労士会の研修は、開業社労士を想定し、平日の午後に開催されることが多かったのですが、新型コロナウイルスの感染拡大の中、対面研修の開催が難しくなったことで研修のオンライン化が進みました。

現在は連合会のeラーニングだけでなく、様々な研修がネット上で**オンデマンド配信**されているので、時間と場所の制約なく研修を受講できる機会が増えています。

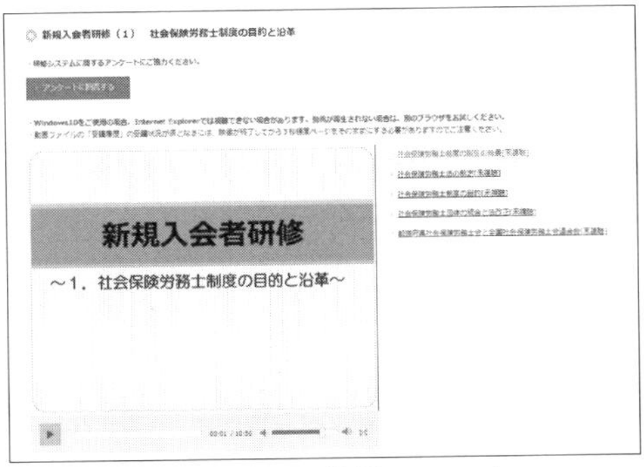

出所：連合会の会員ページ「研修システム」

この**豊富な研修を受講できるだけでも登録のメリットは大きい**と感じます。不安から社労士以外の様々な資格に手を出し、専門学校に受講料を支払うよりもコストパフォーマンスは高いはずです。

②人脈形成ができ、様々なチャンスに巡り合うことができる

未登録合格者の大きな悩みの1つに「社労士の知り合いがいない」というものがあります。近年はSNSでの交流の機会が増えていますが、現実に会って何でも気兼ねなく相談できる仲間までは、なかなかできないものです。

一方、都道府県会に登録すれば、**支部の研修や各種イベントに参加することができます**。「そんな大先輩ばかりのところに何も知らない新人が行くのは怖い」という気持ちもあるのではないかと思いますが、社労士はヒトに関する分野を扱う資格だからか、他者に優しい人が多く、特に新人や若手（年齢ではなく登録歴が浅い皆さん）には特に優しく声をかけ、迎え入れてくれると思います。

また社労士は飲み会が大好きで、研修などの後には高確率で飲み会もセットになっていたりします。思い切って、そんな場所にも参

加してみてください。あっという間になんでも相談できる多くの同業の仲間ができるはずです。なお、お酒が苦手であれば、ウーロン茶でもまったく問題ありませんので、ご心配なく。

さらには支部の幹事（2年ごとに改選）になって、支部の様々な仕事をするようになれば、**地元での同業の人脈は盤石**なものになります。

一度こういった仲間に入ると、いろいろな声がかかります。

例えば、支部で行っている相談会の相談員や社労士会で受託している委託事業の仕事の紹介などを受けることができたり、場合によっては先輩社労士の事務所の仕事を手伝ってほしいなど、**新しい仕事が舞い込むことも少なくありません**。

合格直後は何の情報もなく、不安しかないかもしれませんが、このようにして一歩前に出て人脈をつくっておくと、皆さんのキャリアの選択肢は格段に広がるはずです。

試験科目の全分野に精通していなければならないか

社労士試験についてはCHAPTER 1で取り上げますが、実際に勉強を始めると、試験科目の範囲の広さに驚かされるはずです。

試験勉強で全分野をカバーするだけでも大変ですが、開業後、その全分野について高いレベルで対応しようとすると、それは非現実的なくらい困難なことになります。

具体例を出して考えていきましょう。

社労士試験でも対策が難しいといわれる「労務管理その他の労働に関する一般常識」（いわゆる労一）だけでも、その範囲は広範にわたり、出題範囲にある主な法律には以下のようなものがあります。

いわゆる「労一」の出題範囲にある主な法律

- 労働契約法
- パートタイム・有期雇用労働法
- 男女雇用機会均等法
- 育児・介護休業法
- 次世代育成支援対策推進法
- 女性活躍推進法
- 最低賃金法
- 職業安定法
- 労働者派遣法
- 若者雇用促進法
- 高年齢者雇用安定法
- 障害者雇用促進法
- 労働組合法
- 労働関係調整法
- 労働時間等設定改善法

など

実際にはこれら以外の法律や統計、白書なども出題範囲になるので、試験対策が難しいことはおわかりいただけると思うのですが、いま取り上げた様々な法律は、実務において非常に重要な法律ばかりであり、この分野は社労士の仕事の大きな部分を占めています。

具体的にはこれらの法律から以下のような相談業務、コンサル業務が生まれています。

- 同一労働同一賃金対策（パートタイム・有期雇用労働法）
- 高齢者の雇用・賃金制度の設計（高年齢者雇用安定法）
- 育児・介護と仕事の両立支援（育児・介護休業法）
- 有期契約労働者の無期転換ルール対策（労働契約法）
- 最低賃金引上げに伴う賃金カーブの見直し（最低賃金法）
- 法定雇用率充足のための障害者雇用の環境整備（障害者雇用促進法）
- 一般事業主行動計画の策定（次世代育成支援対策推進法、女性活躍推進法）
- 勤務間インターバル制度による過重労働防止対策（労働時間等設定改善法）
- 採用力強化のためのリファラル制度の構築（職業安定法）

実際に社労士の仕事を行っている者の感覚でいえば、ここに例示した業務だけでさえ、そのすべてを高いレベルで実施できる社労士は決して多くありません。ましてや**試験科目の全分野について、高いレベルで対応するのは現実的に困難**です。

このように考えると、社労士は医師に似ている部分があります。

医師は医療分野全体にかかる一定レベルの知識を持ちながら、同時に外科、精神科など自らの専門分野を持っています。

社労士もお客様から寄せられる**幅広い分野の相談**（現実には社労士試験の科目でさえない相談も多い）**に対応しながらも、同時に自らの強い分野を持っていることが多い**でしょう。

そして、苦手分野かつ慎重な対応が必要な事案については、その分野に強い同業者を紹介することが当たり前に行われています。

例えば、私であれば人事制度や就業規則などのワークルール策定を専門としています。

一方、社会保険分野については苦手としているので、そうした質問で実務的に難しい事案などがきた場合には、まずは弊社労士法人内の他の社労士に相談したり、対応を依頼したりします。

さらには弊社労士法人内でも適任者がいない場合には、その分野に強い同業者に対応をお願いするようにしています。

このあたりのバランスをどのように考え、自らの強みをつくっていくのかは、皆さんのキャリア戦略となるでしょう。

私のように特定の分野に特化し、その分野の書籍を出版するようなレベルの専門性を持つ**プロフェッショナル型**のキャリアもあれば、そこまで特化した専門分野はないが、労務管理から社会保険まで一定レベルですべて安心して対応できるという**ゼネラリスト型**のキャリアもあります。

これは地域特性や社労士事務所の規模、さらには個人の考え方によっても最適解は変わってくるので、皆さん各自で選択していくことになります。

そのうえで、この事案に関しては自らが対応するよりも、「他の専門家に対応してもらったほうがよい」という場合に安心して紹介できる同業者や他士業のネットワークを保有していることは、最終的にお客様の信頼を勝ち得るためのポイントとなるでしょう。

CHAPTER 0

05 「開業」と「非開業」それぞれの働き方

開業・非開業それぞれに様々なパターンがある

社労士には、「勤務」や「その他」という非開業の登録種別があり、そもそも多様な働き方が想定された仕組みになっているとお話ししました。これはあくまでも都道府県会への登録種別の話ですので、以下では実際に社労士として仕事を行う場合、どのような働き方の選択肢があるのかを見ていきましょう。

社労士の働き方は、**開業**と**非開業**の２つに大別され、それぞれにさらに様々なパターンが存在します。

開業

まず「開業」という選択肢については、さらに以下の４つの働き方のパターンに分けることができるでしょう。

1）職員を雇用し、組織力を強みとする経営

社会保険手続きや給与計算などの基本業務を中心に、**事業を拡大し、その拡大に合わせて職員を雇用する**ビジネスモデルです。

かつての社労士業界は職員数名という小さな事務所が大半でしたが、近年は経営者的な発想を強く持った社労士も増えており、数十名の職員を抱え、組織力を強みにした事務所が徐々に増加しています。

2）自らのビジネスサイズを意識し、無理に拡大をしない経営

1)のパターンの経営の場合、自らがお客様の相談を直接受けるのではなく、通常の対応は担当者に任せることが多くなります。その結果、トップ自らが担当する場合よりも、どうしても対応の質が低下してしまうようなケースがあります。

よって2)は無理に事業拡大することなく、**自らの目が届く範囲の顧客数に抑え、お客様との相互信頼の関係性を長く保つことを重視する**ビジネスモデルです。

この場合、定型的な業務を中心に担当する若干名の職員やパートタイマーを雇用するケースも多いでしょう。**社労士事務所で現実的に最も多いのが、このパターン**となります。

3）個人の専門性を高めて高付加価値を狙う経営

コンサル系の事務所に多いパターンとなりますが、人事制度など**特定の分野に特化して、あえて職員は雇用せず、個人で高付加価値を狙う**ビジネスモデルです。

社労士事務所経営において職員の雇用は大きな分岐点となります。職員を雇用すれば、人件費や事務所経費が必要となりますし、その人材育成という負担もあります。

さらには小規模事務所で１人が退職するとかなりの影響があり、そのリカバリで奔走せざるを得なくなることから、最初から職員の雇用は考えず、自らを高付加価値商品として磨いていくという選択肢も有力です。

ただし、このパターンは、最初からある程度の高付加価値案件を受託できる環境がないと難しいため、他の事務所での経験者など、これを実践できる人は必ずしも多くないでしょう。

4）ワークライフバランスを重視した経営

これは定年後に開業された方や家計を支える配偶者がいる方に多いパターンで、**ワークライフバランスを前提に、生活に無理のない範囲での仕事を行っていく**ビジネスモデルです。実際に多いのは、以下のようなパターンでしょう。

1．知り合いの企業など、比較的負担の少ない数件の顧問先を中心に関与している
2．金融機関の年金相談や社労士会が受託する委託事業などを中心に担当している
3．障害年金申請など自らの関心がある分野のスポット案件を中心に受託している

年金や配偶者の収入などがあり、それほど稼ぐ必要がない場合や主として社会的意義を求めて仕事をするような場合には、このような選択肢もあるでしょう。

☑ 非開業

次に「非開業」という選択肢については、様々な組織に雇用され、勤務することになります。

1）社労士事務所

社労士事務所に勤務し、そこで社労士業務を行うパターンとなります。

例えば、弊社労士法人には現在36名が所属していますが、その内訳は、私を含む２名が法人社員、14名が勤務登録の社労士、３名が社労士試験合格者、そして17名が無資格者の職員で構成されていま

す。この場合、勤務登録の14名がこの区分となります。

私は大学３年生の時に社労士の資格を取得し、1994年に名南経営に入社。その２年後に社労士の登録をしましたが、その後、法人化を契機に社員登録に変更するまで、約15年間は勤務社労士として仕事をしていました。

社労士事務所勤務のメリットは、安定した収入を得ながら、社労士業務を行うことができることです。**非開業の区分の中では最も社労士資格を有効に活用できるパターン**となります。

しかし、社労士事務所勤務は、一般企業勤務と比較して、賃金が安いといわれることが少なくありません。これには職員側の要因と社労士事務所側の要因の双方があります。

まず職員側の要因ですが、社労士合格者は実務未経験というケースが多く、社労士事務所に就転職したとしても当面は育成のための期間となり、十分な担当先を持つことができません。売上も上がらないので、どうしても最初は安い賃金になりがちです。

また開業を前提に実務経験を得ることだけを目的に入社し、一定の経験を積み、やっとある程度の担当を持つことができた時点で退職する有資格者も一定数存在します。こうなると社労士事務所は育成の負担だけを負うことになるため、そこに高い賃金を支給することに躊躇してしまい、結果として賃金が上がらない状況ができてしまいます。

一方、社労士事務所側の要因としては、そもそも収益性が低い業務が多く、十分な給与を支給できるだけの売上・利益がないケースや、職員を比較的簡単な定型業務を行う要員としか見ていないケースもあるのではないかと思います。

この点は社労士事務所によって状況や考え方にかなりのバラツキがありますが、今後は組織的な経営を行う中規模～大規模の社労士事務所の増加が予想されます。そうした事務所では、優秀な人材を確保し、よいサービス提供を通じて、さらに事業を伸ばすことを優先するので、比較的高い給与を支給する傾向は強まるでしょう。弊社労士法人でも、その方向で事業運営を行っています。

2）一般企業（事業会社）

近年、勤務登録の社労士が多くなっており、全体の37％にもなっているとお伝えしましたが、その多くが一般企業に勤務しています。**人事や総務などで自社の社会保険手続きや人事労務管理に関する業務を担当しているのが典型的パターン**になりますが、実態を見ると、社労士業務とはまったく関係がない部門で働いているケースも少なくありません。

さて、社労士資格を持ったうえでの一般企業への転職ですが、近年は深刻な人手不足と人事労務管理の重要性の高まりから非常にニーズが高まっており、比較的よい条件で転職が決まったという話をよく耳にしています。

「その企業の案件しか扱うことができない」「大手企業の場合には仕事が細分化されており、多様な業務を経験することができない」「人事異動があり、社労士業務と関係がない部署に配属されることがある」などのデメリットはありますが、一般企業勤務も社労士合格者の有力な働き方の１つとなるでしょう。

また最近は副業を認める企業が多くなっていることから、一般企業に勤務しながら開業登録を行い、副業として社労士事務所を開業するケースも増加しています。これは勤務社労士にとって、今後の１つの大きな選択肢となっていく可能性があります。

3）給与計算アウトソーサーやコンサルティング会社

給与計算アウトソーサーとは、**企業の給与計算業務を受託する一般企業**のことをいいますが、近年は中堅～大手企業を中心に自社の給与計算業務をこうしたアウトソーサーに委託することが多くなっており、こうした企業から社労士有資格者に対する求人も増えています。また**人事系のコンサルティング会社**への転職の道もあります。

これらの企業では社労士の独占業務である１・２号業務を行うことはできませんが、社労士試験の中で学んだ知識を活かすことができる仕事の１つであることは間違いありません。

4）年金事務所、労働基準監督署などの官公庁

これは意外に知られていませんが、年金事務所や労働基準監督署などの官公庁では多くの社労士が仕事をしています。その求人は**パートタイムが中心**になりますが、その後の開業を検討している方には、実務経験を積みながら、一定の収入を得ることができる仕事の１つとなるでしょう。

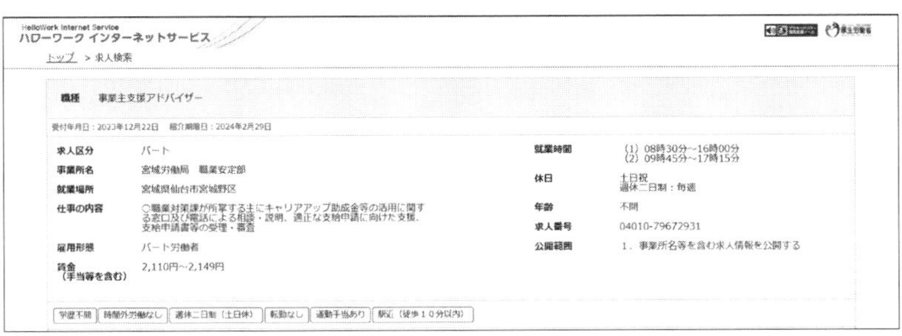

HelloWork Internet Service
ハローワーク インターネットサービス
トップ ＞ 求人検索

職種　事業主支援アドバイザー

受付年月日：2023年12月22日　紹介期限日：2024年2月29日

求人区分	パート	就業時間	(1) 08時30分～16時00分 (2) 09時45分～17時15分
事業所名	宮城労働局　職業安定部	休日	土日祝 週休二日制：毎週
就業場所	宮城県仙台市宮城野区		
仕事の内容	○職業対策課が所掌する主にキャリアアップ助成金等の活用に関する窓口及び電話による相談・説明、適正な支給申請に向けた支援、支給申請書等の受理・審査	年齢	不問
		求人番号	04010-79672931
雇用形態	パート労働者	公開範囲	1．事業所名等を含む求人情報を公開する
賃金（手当等を含む）	2,110円～2,149円		

学歴不問｜時間外労働なし｜週休二日制（土日休）｜転勤なし｜通勤手当あり｜駅近（徒歩１０分以内）

コラム

士業の中で最も女性活躍が進んでいるのが社労士

近年、女性活躍が叫ばれていますが、**社労士は士業の中で最も女性が活躍している業界**です。以下は主な士業の登録者における女性の比率ですが、これを見れば社労士の女性比率が突出して高いことがわかります。

女性社労士は近年、毎年増加を続けています。2013年時点の社労士の女性比率は28.1%でした。これでも他士業よりはかなり高い水準でしたが、その後も毎年、比率は上昇し、2022年には32.7%となり、全国で14,653名もの女性社労士が活躍しています。

主要士業における女性登録者比率（2022年データ）

社労士	32.7%
弁護士	19.6%
司法書士	19.0%
弁理士	16.3%
行政書士	15.6%
税理士	15.5%
公認会計士	15.0%

本書の著者も半分が女性ですが、感覚的には32.7%という比率よりももっと女性が活躍している印象を受けています。

また、社会的には女性が組織のトップに就くということはまだまだ少なく、帝国データバンクの全国「女性社長」分析調査（2022年）によれば、女性社長比率は8.2%に留まっていますが、**都道府県会では全国47都道府県のうち、6県が女性会長**となっており、その比率は12.8%にもなっています（2023～2024年度実績）。

その背景には、年金という比較的女性が好むテーマを扱っていること、専門知識ときめ細かな対応の双方が必要な手続業務が多いこと、そして社会的に女性労働者が増加する中、それに寄り添うことができる女性社労士の存在が重要になってきていることなどが挙げられるのではないかと思います。

また、社会保険手続きなどの仕事は企業内では「一般事務職」として低く処遇される傾向がありますが、社労士という外部のプロという立場で企業から仕事を請け負えば、一定以上の売上となり、収入が増えるケースが多いことも、その背景にあるのかもしれません。

社労士の男女別労登録人数の推移

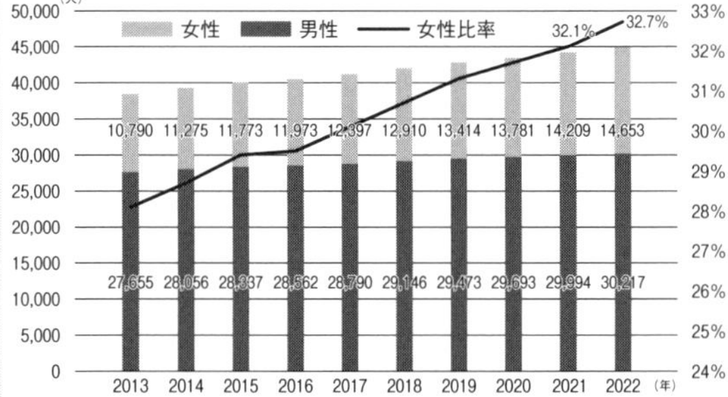

出所：連合会「社会保険労務士白書2023年版」のデータをもとに作成

CHAPTER 0

06 社労士の契約の内容とその報酬

顧客とはどのような契約を結び、どの程度の報酬を得ているか

ここでは、皆さんの関心も高いであろう社労士の契約の内容と、その報酬について取り上げることとしましょう。

社労士が顧客と締結する契約は、大きく以下の2つに分けることができます。

①顧問契約　　②スポット契約

このうち、社労士の契約の中心になるのが、①顧問契約という継続的に業務を行い、毎月定額の報酬をいただく契約です。

社労士の顧問契約において標準的に提供する業務内容は以下のとおりです。

- 社会保険の各種手続き
- 給与計算
- 労務管理等に関する相談

この3点は業界で
フルセットと
呼ばれています

この組み合わせをよく**フルセット**と呼びますが、基本的にはこのフルセットの顧問契約を中心に、そのつど発生するスポット業務を組み合わせていくことになります。

社労士の顧問先といえば、かつては社会保険手続きや給与計算を自社で行うことができない中小零細企業のお客様が中心でしたが、最近は頻繁に行われる法改正やコンプライアンスに対する意識の高まりから、中堅企業から大企業と顧問契約を締結するケースも増加しています。そのような場合は、相談業務だけを受託するケースもよくあります。

なお、顧問契約は毎月安定した報酬が入ってくることから、**事務所経営の基盤**となります。同じ士業であっても、司法書士や行政書士はこうした顧問契約が少なく、スポット業務中心のビジネスモデルとなるため、それと比較すると社労士は恵まれていると感じます。

一方、スポット業務には様々なものがありますが、主なものとしては以下のような業務が存在します。

主なスポット業務

- 就業規則策定
- 労働基準監督署や年金事務所などの調査立会
- 紛争解決手続き代理業務（あっせん代理業務）
- 人事制度策定
- 両立支援や多様な働き方を実現するための労務コンサル
- 労務監査・デューデリジェンス
- 助成金申請
- 各種研修講師
- 年金相談・裁定請求　など

こうした業務を行うことで得られる報酬ですが、顧問契約の報酬は、従業員数20名くらいの企業であれば、相談業務と社会保険手続き業務で月額３万円程度、給与計算を行う場合には別途月額２万〜３万円程度を加算し、合計で月額５万〜６万円程度という例が多いのではないかと思います。

もっとも、報酬は都心部と地方によっても差があり、以下のような関与形態の差異によっても大きく変わるので、あくまでも目安として捉えていただければと思います。

関与形態の差異

- 定期訪問の有無・頻度
- 業務範囲（ほとんどの手続きを顧問契約に含む場合もあれば、算定基礎・労働保険年度更新や36協定等はスポット契約とするケースもある）
- データ受領の形態（FAXやExcelファイルで受領するのか、お客様に直接システムに入力いただくのかなど）
- 勤怠集計の有無（給与計算業務）

スポット業務についても報酬は様々ですが、就業規則（本則）であれば20万円くらいのケースが多いと思われます。

しかし、これもどのような目的で、どの程度の就業規則をつくるのかによって必要となる工数に大きな差があります。

例えば、スピード重視でひな形をベースに最低限の修正だけを行うようなケースもあれば、従業員も参加するワークショップ形式で１年間かけて、みんなで守るべきルールを議論して就業規則にまとめていくケースもあります。また、上場のタイミングで、その基準に適合した様々な規程を整備することもあるでしょう。

このようにスポット業務は目的や内容が様々なので、顧客の要望をしっかりとヒアリングのうえ、必要となる工数を意識しながら、個別に報酬を設定し、提案していくことになります。

そのうえで、事務所全体の報酬は、こうした様々な契約の積み上げで決まることになります。

例えば、開業から数年を経過した一人事務所で、ある程度、堅調な経営を行っているような場合のイメージとしては以下のようになるのではないかと思います。

モデルケース

ある程度、堅調な経営を行っている開業から数年経過した一人事務所

	平均単価	月数	顧客数	報酬額
顧問契約（給与計算あり）	¥ 60,000	12	10	¥7,200,000
顧問契約（給与計算なし）	¥ 30,000	12	15	¥5,400,000
就業規則	¥250,000	1	10	¥2,500,000
助成金申請	¥100,000	1	10	¥1,000,000
その他スポット業務	¥100,000	1	10	¥1,000,000
			合計	¥17,100,000

もちろん、社労士で開業すれば誰でもすぐにこの報酬を得られるということではありませんが、ある程度しっかり活動している社労士であれば、決して無理な数字ではありません。

なお、業界内では、このような標準的なサービス構成で事務所経営を行う場合、開業からの当面の目標売上が年間1,000万円で、１人事務所で現実的に対応できるのは年間2,000万円くらいが限界とよくいわれます。

これは商品構成や地域性などによっても左右されますが、一般的には**売上が1,000万円を超える頃に次の展開を考え、職員を雇用するケースが多い**でしょう。

その一方で年間報酬が200万～300万円に留まる社労士も少なくありません。それは事務所経営がうまくいっていない場合もあるとは思いますが、それだけではなく、ワークライフバランスを重視し、行政官庁のアルバイトや年金相談などを短時間で行っている社労士が少なくないことに起因しています。

弁護士や税理士などはフルタイムの専業が大半であるのに対し、社労士の場合は**兼業や定年後の開業なども多い**ことが特徴です。多様な働き方に親和性の高い士業であることがおわかりいただけると思います。

そして、ここから諸経費を控除した金額が、社労士の収入になります。このように考えると、個人の収入を高めるためには**売上を上げると同時に、いかに経費を抑えるかがポイント**となります。

多くの案件を受託し、売上を上げるためには職員の雇用が必要になってきますが、その場合、人件費や事務所経費はかなり大きな負担となるので、あえて職員は雇用せず、１人事務所で収入の拡大を目指す方も多くいらっしゃいます。

一方、ある程度の人員を抱えた社労士法人を経営し、年間数千万の報酬を得ている社労士も少なからず存在します。どのような事務所を目指すのかは、１人ひとりの社労士の考え方によっても大きく変わるでしょう。

コラム

社労士資格は就職・転職に有利なのか

社労士は制度創設からの歴史を見ても開業を前提とした資格ですが、就職や転職などのキャリアアップにおいても有効なのでしょうか？

結論からいえば、社労士資格の保有は大きなアピールになります。

かつて企業のコンプライアンス意識が低かった時代には、「社労士の資格を持っている人を採用すると自社の労働基準法違反などを指摘されそうで厄介だといわれた」といった話を耳にしたこともありますが、最近では状況が大きく変化しています。

現在、多くの企業は深刻な人材不足に陥っており、よい人材を効果的に採用し、そうした人材が活躍できる環境を真剣に作ろうとしています。その実現には以下の3つのステップが求められます。

【STEP1】働きにくい環境をなくす
【STEP2】働きやすい職場をつくる
【STEP3】働きがいのある職場をつくる

【STEP1】働きにくい環境をなくす

STEP1は、コンプライアンス上の課題の解消が主な対策となります。例えば、残業代の支払いが適切に行われているか、過重労働は行われていないか、ハラスメントの問題は起きていないか。こういった諸課題を解決するために社労士の知識が大いに役立ちます。

【STEP2】働きやすい職場をつくる

STEP2では、それをさらに進めて、働きやすい職場をつくることを目指します。具体的には、育児や介護、病気治療などとの両立ができる環境を整備したり、フレックスタイム制やリモートワークの導入などの柔軟な働き方の実現などがテーマとなります。

【STEP3】働きがいのある職場をつくる

仕上げとなるSTEP3では、「働きやすさ」に留まらず、「働きがい」を創造するための環境整備が求められます。具体的には会社のパーパス（存在意義）の明確化や人事評価制度の設計・運営、健康経営の取り組みなども重要になります。

このように企業の中での人事労務の仕事が多様化かつ高度化しているため、社労士の資格を持った専門性の高い人材が就職・転職市場においても強く求められるようになっているのです。

事実、少し前にも社労士有資格者のある女性から、「転職活動を行ったところ、①社労士法人、②事業会社の人事職、③人事コンサル会社など複数の企業から内定をもらい、どの会社に転職するのがよいか」という相談を受ける機会がありました。

本人もここまで内定が出るとは思わず、驚いていましたが、企業経営におけるヒトの重要性の高まりが、社労士有資格者にとって強い追い風となっていることがわかるエピソードでした。

CHAPTER 0

07 社労士の仕事の魅力

30年前の就職活動の際、様々な選択肢がある中で、私は社労士を選んで本当に良かったと思っています。

以下では、その理由を皆さんにお伝えすることとします。

お客様に「ありがとう」といってもらえる仕事

人間は社会的な存在ですから、終局的には誰かの役に立てたことが大きな喜びとなります。しかし、多くの仕事ではなかなかそれが実感できず、結果的に「仕事は仕事」と割り切って、仕事とは別の楽しみを求めて人生を送っている人が少なくありません。

これに対し、社労士は日々「ありがとう」といってもらえる仕事です。毎月の給与計算が終わった際、依頼された手続きが終わった際、様々な相談に対応し問題解決をした際、**「お疲れ様」ではなく「ありがとう」といっていただける**のは本当に嬉しいことです。お客様からの感謝の言葉によって頑張れるのかもしれません。

ニーズを背中で感じる社会的役割の大きな仕事

社労士の背中には、いま強い追い風が吹いています。それは、我が国の少子高齢化という構造的な課題から発生する様々なニーズであり、その詳細は58ページ「近年の社労士に対するニーズ」でお伝えしますが、半世紀を超える社労士制度の歴史の中で、**いまが最も社会からの期待が寄せられている時代**ではないかと考えています。

自分という商品を磨けば、きちんと見返りがある

社労士は自らが商品です。しっかりと勉強して、その商品価値を上げれば、顧客数や売上の増加、もしくは感謝の言葉などの見返りをきちんと受けることができます。**頑張りが直接報われる仕事**であるのは間違いありません。

もっともこれは逆もまた真実であり、**自分磨きを怠れば、その商品価値は低下し、市場から見放される**ことになります。

ある程度キャリアを積めば、多くの経験に裏打ちされた知識やノウハウが溜まるので、安定的に業務を行うことができるようになりますが、そこで気を抜き、学びを止めてしまうと途端にサービスレベルが低下し、顧客が離れていきます。

昭和の大物歌手は、いまでも当時の大ヒット曲で客を呼ぶことができますが、常に法改正や環境の変化の中で仕事をしている社労士の場合は、昔の知識で勝負することはできません。

ちなみに社労士の勉強は受験生とは大きく異なります。

受験生の場合は、テキストの１ページから順番にすべての範囲を広く浅く、漏れがないように勉強することが重要ですが、実務を始めると、日々お客様から寄せられる質問や課題を解決するために、特定のテーマを重点的に勉強し、それを即、お客様に返していくこ

とになります。

つまり、まずアウトプットの予定があり、そのために必要なインプットをするということを繰り返すわけです。

こうした勉強を通じて個別の知識が溜まってくると、それらの関連性が見えるようになります。そんなタイミングで基本書などを読むと、**実務に裏打ちされた“点”の知識がつながって“線”となり、体系的な知識として確立**されます。

これを繰り返して、社労士は実務能力を高めていきます。その意味では、社労士はお客様に育てていただく仕事なのです。

これまでの人生すべてが「強み」に変わる仕事

社労士として安定的に仕事を受託していこうとすると、「社労士である」というだけでは、他の約45,000人の社労士と何の差別化もできません。

そこで私は、駆け出しや若手の方、他の社労士との差別化で悩んでいる方には常に、「社労士であること以外の強み」をわかりやすく訴求することが重要だとお伝えしています。

この時、用いる数式が**「社労士×○○」**です。

○○に入るものは様々で、「労働トラブルに強い」「障害年金に詳しい」といった得意分野に関する事項もあれば、「東京」「名古屋」といった活動エリアが入ることもあるでしょう。

そして、**○○が多ければ多いほど、この数式を満たす社労士は少なくなっていき、最終的にはオンリーワンとして顧客に選ばれる社**

労士になるわけです。

この話をすると、多くの方から、「私には○○に入るような強みなんてありません」という回答が返ってきます。その時、いつもお伝えしているのは、**「○○は専門性に限らない」**ということです。

○○は皆さんが選ばれる理由なのですから、例えば「話の聞き上手」であるとか、「レスポンスが早い」といったことでもよいのです。

そして、社労士試験合格者は、社会人として様々な仕事を経験された方が少なくありません。そうした経験には大きな価値があるのですが、それらは過小評価されていることが大半です。

以前、「私の職歴といっても、病院の医療事務を15年してきただけなので……」という話をお聞きしたことがありますが、私からすれば、これは非常に大きな強みです。

医療機関における働き方の実態を熟知されているでしょうし、そもそも医師など医療スタッフの皆さんと共通言語で話ができます。これは強み以外のなにものでもありません。

しかし、自らの経験というのは当たり前のものであり、それを強みとして認識することは難しいのでしょう。

そんな場合はぜひ、これまでの経験を、信頼できる友人など、誰かに聞いてもらってください。皆さんの強みを見つけてくれるはずです。

このように**社労士の仕事は皆さんのこれまでの人生すべてを強みに変えてくれます**。

開業時のイニシャルコストが小さい

「脱サラ」という言葉がありますが、サラリーマンを辞めて独立開業するには、一般的には大きなイニシャルコスト（初期費用）がかかります。

例えば、ラーメン屋や美容室を開業する場合は平均1,000万～1,500万円が必要といわれますが、社労士の場合は大きな設備は必要ありませんから、非常に少ないコストで開業することができます。

社労士としての開業時に必要なコストを最低限で見積もるとすれば、以下のように100万円弱に抑えることが可能でしょう。

モデルケース　開業時に必要なコスト

社労士会登録費用	15万円(※)
社労士会初年度年会費	10万円(※)
パソコン関係	30万円
システム費用	20万円
図書費	5万円
その他	5万円
合計	85万円

※都道府県によって異なる

イニシャルコストは、事務所を借りたり、充実したホームページをつくったりするような場合はこれでは収まらないので、あくまでも「最低限これくらい」という話になりますが、士業は極端な話、**パソコン１台あればできる仕事**です。開業時のコストを他業種よりもかなり少なく抑えることができるのは大きなメリットです。

なお、開業時のお金の問題については第２章でも補足しますので、そちらも参考にしてください。

組織に縛られず、自由度の高い人生を歩める

士業に限りませんが、独立開業にはリスクがつきものです。会社員であれば毎月の給料が保証され、生活は安定します。しかし、士業は売上がなければ直ちに困窮する危険性があります。

その半面、そこには自由があります。会社員であれば、自分の意に沿わない仕事もやり切る必要がありますが、士業の場合、**どの仕事を、どのように進めるかは、自らが決めればよい**のです。

もちろん、お客様から苦手分野の相談を受けることもあります。その場合、一所懸命、勉強をして課題を乗り越えることもできますし、その分野に強い別の専門家を紹介することもできます。

とはいえ、自己責任も求められます。手を抜こうと思えば、いくらでも抜けてしまう側面もあるので、自律的に仕事を行う意識を強く持たなければならないのはいうまでもありません。

そのためには**「常にお客様のほうを向いて仕事を行う」**という意識を持つことが重要です。

定年がないので長く活躍できる

高年齢者雇用安定法による高齢者雇用政策により、現在は60歳定年＋65歳までの継続雇用という会社が大半となっており、実態としても70歳まで働く方が増えていますが、社労士に定年はありません。

連合会の「社会保険労務士白書 2023年版」によれば、2023年３

月31日現在の登録者44,870名のうち、最高齢はなんと101歳！　さすがに実務をバリバリされてはおられないと思いますが、**社労士には定年がない**ことがよくわかります。

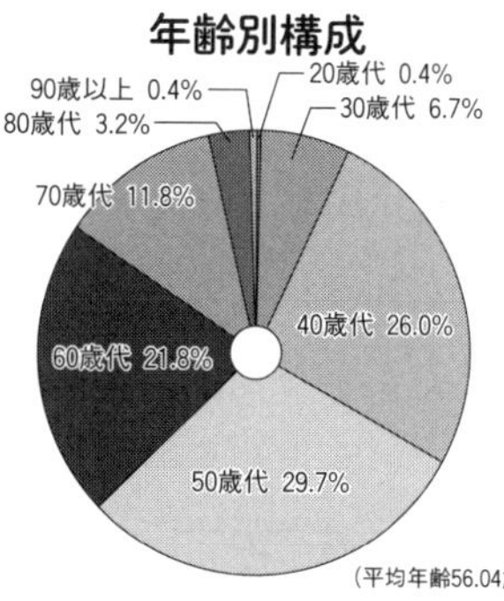

出所：連合会「社会保険労務士白書2023年版」

なお、通常の会社員でも、最近は70歳くらいまで働く方が増えていますが、多くの企業では60歳以降、比較的定型的な業務に転換したうえで賃金も引き下げられることが通例です。

下のグラフは厚生労働省「令和４年賃金構造基本統計調査」による男女別賃金の年齢階級別推移ですが、男女とも55〜59歳をピークに賃金が低下しています。

中でも男性は55〜59歳の平均が416,500円であるのに対し、60〜64歳では321,800円、65〜69歳では274,500円と大幅に賃金が減少しています。

再雇用時の賃金低下の問題は同一労働同一賃金の観点から徐々に見直しが進められているものの、十分な処遇には程遠いのが実情です。

これに対して、社労士は年齢がある程度高いことが、むしろお客様にとっての安心感につながることから、**60歳以降も第一線で活躍し、報酬も維**

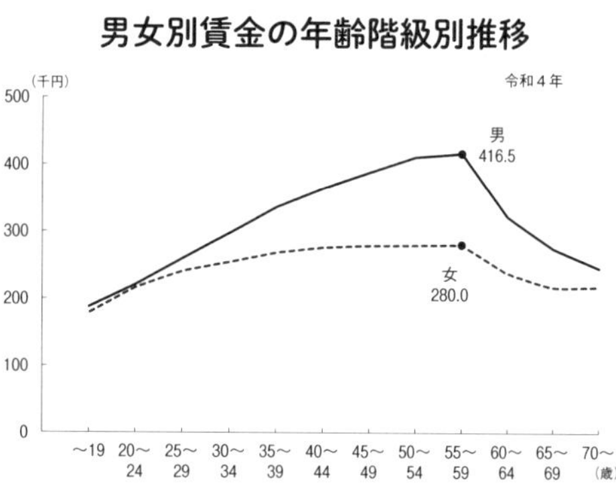

出所：厚生労働省「令和４年賃金構造基本統計調査」

持している方が非常に多いです。

実際、先輩社労士の仕事ぶりを見ても、70代後半でも壮健で、常に勉強を欠かさず、事務所経営をされている方が多く、見習いたいものだといつも感じています。

私が社労士として登録したのは1996年、25歳の時でした。当時は生涯現役でできる仕事という観点はまったくありませんでしたが、50歳代となったいま、その大きな価値を実感しています。

国の政策への提言を行うことができる

私が広い意味で、この仕事を志したのは高校生の時でした。社会の先生の影響で労働問題に興味を持ち、「企業と働く人にとって安心して頑張ることができる環境をつくる仕事がしたい」と思ったのがきっかけです。

もっとも、当時は社労士の存在は知らず、大学２年生の時に知ることになります。自分のやりたいことに最も近い国家資格ということで勉強し、在学中に資格取得をしたうえで、いまも在籍している名南経営に新卒で入社しました。

その後、様々な企業の実態を見て多くのアドバイスを行い、安心して頑張ることができる職場の創造を続けてきましたが、30歳を少し回った頃、この仕事の限界を感じた時期がありました。

「お客様の現場は改善に向かい、喜んでいただいているが、これで社会は本当に良くなるのだろうか？」、そんなことを考えたのです。

少しでも広い範囲にメッセージを届けるため、各地で積極的に講演を行ったり、本を書いたりもしましたが、それでも社会を良くする実感が、なかなか得られない日々が10年以上続きました。

そんな中、2021年にチャンスが訪れます。連合会の中で「働き方改革」に関する責任者を務めていたおり、その事業計画に「多様で柔軟な働き方の創造、導入や浸透に資することを目的に、働き方改革の専門家として、実務・知見に基づいた提言等を行う」という内容が盛り込まれ、担当することになったのです。

そして、本書CHAPTER 4を担当されている安中繁先生、CHAPTER 6の鼎談で登場いただいている東京大学社会科学研究所の水町勇一郎教授、その他全国の気鋭の社労士の先生方とまとめあげたのが、右の「人を大切にする企業と社会の実現に向けて」という政策提言です。2023年3月に公表することができました。

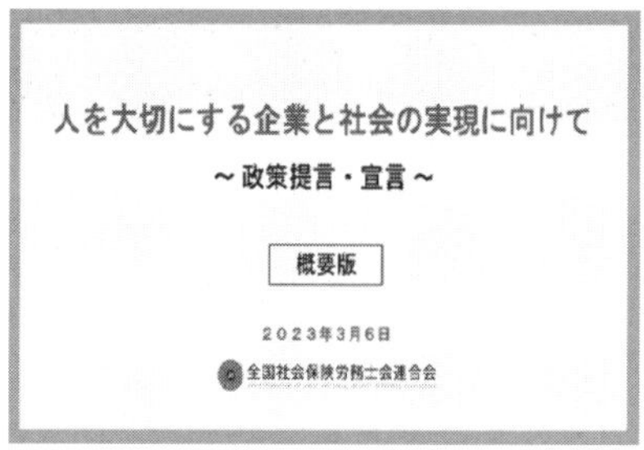
人を大切にする企業と社会の実現に向けて
～政策提言・宣言～
概要版
2023年3月6日
全国社会保険労務士会連合会

出所：連合会「政策提言・宣言」

この政策提言の作成にあたっては、全国の社労士に対し、日頃の実務を行う中で問題になっていること、社会の諸課題を解決するために求められる政策の方向性などの意見を募集し、それをプロジェクトで精査することでまとめています。**社労士も組織的に国に対して政策提言を行えるようになったのです**。

この始まったばかりの取り組みを発展させていくことで、若かりし頃の私が感じた限界を突破し、社労士は文字どおり、**社会を良くすることができる存在**に、より近づいていくのだろうと感じています。

なお、政策提言は継続的な取り組みとして毎年行っていきます。社労士として登録されている皆さんは、是非、連合会の会員専用ページにある投稿フォームからご意見をお寄せください。

CHAPTER 0

08 社労士の仕事の大変なところ

社労士は非常に魅力の多い仕事ですが、当然、大変なこともあります。以下では、２つの点について解説します。

日々勉強を続けなければならない

社労士の若手と話をしていると「受験勉強が終われば勉強も終わると思っていたが、実際には新たな勉強のスタート地点に立っただけだった」という感想を聞くことがあります。

正に、そのとおり。社労士試験で学んだ内容は、基礎として間違いなく役に立ちますが、実務を行うには十分ではありません。合格後は**実務の問題を解決するための新たな勉強をする必要があります**。

また、**法改正や環境の変化に対応し、常に新しい分野の知識を仕入れることも不可欠**です。私も社労士に合格してから30年以上が経過しますが、自分の人生を振り返ると常に勉強を続けてきたと思います。

しかし、その勉強を「つらい」と思ったことはあまりありません。なぜなら、いずれもお客様の課題解決のためのものであり、勉強をしたことでお客様に喜んでいただけるからでしょう。

さらに、その積み上げによって自分自身の価値が上がり、勉強を続けてきたからこそ、いまがあると実感できることも大きな理由であると感じています。

もっとも1,000時間とも2,000時間ともいわれる試験勉強をして社労士に合格された方であれば、そもそも勉強をする習慣が備わっているはず。この点については大丈夫でしょう。

開業の場合、仕事を取ってこなければならない

社労士として開業をした場合、いうまでもなく**自ら仕事を取って来なければなりません**。

たまに勘違いされている方がおられますが、社労士の資格を持っているというだけで、お客様からの相談や依頼が自然に舞い込むことはありません。大事なことですから、もう一度いいます。そんなことは絶対にありません。これは弁護士や医師であっても同様で、当然に**「営業」を行い、仕事を確保しなければ生活は成り立ちません**。

ただ、ここで理解していただきたいのは、社労士の営業は一般的にイメージされる「営業」とは異なるということです。

営業というと、言葉巧みに物を売りつけるようなイメージがあると思いますが、社労士の営業では、そのような売り込みは有効ではありません。むしろ「売り込めば売り込むほど売れない」とさえいうことができます。

社労士は、いくらか“先生稼業”のようなところがあります。つまり、相談を受け、アドバイスを行い、それを解決する。こうした仕事です。もちろん「先生だ」と偉ぶってはいけませんが、「なに

か仕事はありませんか？」とすり寄ってくるような社労士に仕事を頼みたいでしょうか？　たぶん重要な事項であればあるほど、そのような社労士に仕事を依頼することはないでしょう。

ですから、**社労士の営業は、お客様から相談が舞い込む環境を整備することに尽きる**のです。私はこれを農耕型営業と呼んでいます。

農耕型営業とは

農業における作物生産	社労士の農耕型営業
1. 種を蒔く	まずは見込み先との接点を持つ
2. 水や肥料を与えて育てる	見込み先には継続的に情報提供を行い、何かあれば声がかかる関係性を構築する
3. 作物が実ったら収穫する	人事労務に関する問題は定期的に発生する そんな際に声がかかり、仕事をお願いされる
4. 翌年に向けて土づくりをする	顧客に信頼されるサービス提供を行い、紹介を受ける

もちろん開業当初は、作物が実るのを待っている時間的余裕はないので、積極的に見込み先にアプローチして課題の明示、提案を行う「狩猟型営業」が必要な時期もありますが、それと同時に種蒔きを行っておくことで、**徐々に「農耕型営業」に移行していくことが重要**です。いったん畑が整えば、安定的な収穫ができるというのが社労士の営業になります。

社労士試験合格者の大半は営業に対して苦手意識や不安を抱えていると思いますが、社労士の営業は売り込みではなく、自分という存在を知ってもらい、信頼関係を構築することで何か問題が発生した際に相談を受ける関係性づくりだと考えてください。

CHAPTER 0

09

近年の社労士に対するニーズ

サービス設計で重要となる４つのポイント

近年は、給与計算や勤怠管理、人事管理など様々なクラウドシステムが登場しており、社労士の仕事はこうしたシステムに置き換わってしまい、「社労士に対するニーズは縮小するのではないか？」という不安を耳にすることがあります。

以下では、この問題について取り上げていきますが、実際には社労士へのニーズは増加を続けています。

社労士に対する企業等からのニーズを考えるにあたっては、近年の社労士を取り巻く環境について理解することが重要であり、そのポイントをまとめると以下のようになります。

①少子高齢化による深刻な人手不足
②働き方改革以降続く頻繁な法改正
③労働トラブルの増加とコンプライアンス意識の高まり
④社労士への認知の高まり

この単元は、今後の社労士としてのサービス設計を行ううえで重要な内容を含むため、１つひとつ内容を確認していきます。

①少子高齢化による深刻な人手不足

現在の社労士に対するニーズ増加の背景として最も大きいのは、やはり人手不足です。

下表「有効求人倍率の推移」は1963年以降、60年間の有効求人倍率の推移をグラフにしたものです。

これを見ていただくと、高度経済成長期ピークの1973年、バブル経済ピークの1990年、そしてリーマンショック後最高値の2018年という３つの大きな山があることがわかります。いずれも**ピークを迎えた後、急速に有効求人倍率は低下する**ことになりますが、最初の２つの山のあとは0.5倍くらいまで有効求人倍率が急降下したのに対し、直近の山だけはグラフの形が大きく異なっていることがわかります。

有効求人倍率の推移

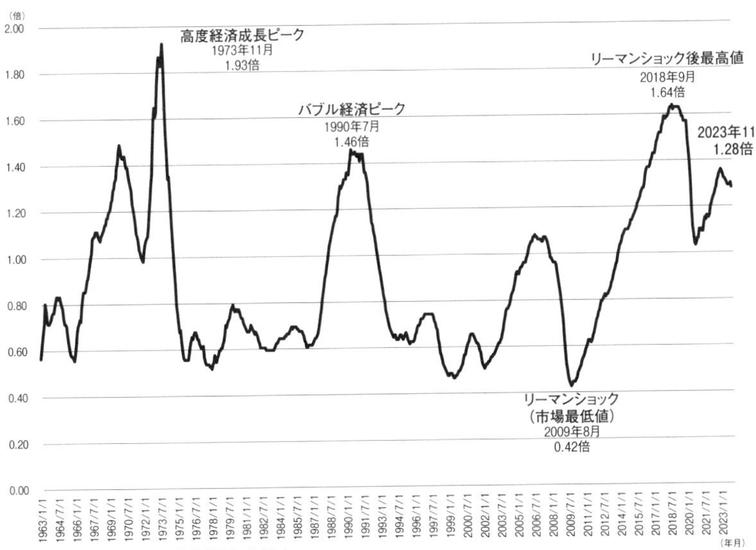

出所：総務省「一般職業紹介状況」

我が国の雇用は、リーマンショックの雇用危機により、2009年８月に戦後最悪の0.42倍まで落ち込みました。

しかし、その後、９年間にもわたる過去に例を見ない持続的な雇用拡大が進み、2018年９月にはバブル期のピークを大きく超える1.64倍の有効求人倍率を記録しました。

その後、１年ほど停滞の時期を経た後に発生したのが新型コロナウイルスの感染拡大です。多くの企業は休業し、国民も自宅に籠ることで経済活動が停止したあの時期、当然、雇用情勢は一変しました。先行きの見えない状況に、史上最悪の雇用危機がやってくるものだと思っていたにもかかわらず、有効求人倍率は１倍さえ割ることなく、再びＶ字回復をすることになったのです。

この背景にあるのが、**少子高齢化による中長期的な人手不足への懸念**です。高度経済成長期終焉の際には団塊の世代が、バブル崩壊の際には団塊のジュニア世代が存在していましたが、今回は少子化により“団塊のジュニアのジュニア世代”が形成されなかったことから、企業はアフターコロナの人手不足を見越して、採用をそこまで減らさなかったことが、パンデミックという世界史の教科書に載るような大事件の中でも雇用が維持された要因であると考えられます。

コロナ後の現在において、やはり人手不足は深刻な状態にあり、社労士には様々なニーズが寄せられていますが、これを大別すると以下のように分類することができます。

⑴ 人材の安定確保のための相談・コンサル業務
⑵ 社会保険手続き・給与計算などのアウトソーシング業務

(1) 人材の安定確保のための相談・コンサル業務

まずは、(1)人材の安定確保のための相談・コンサル業務です。

私の専門は人事制度改革ですが、30年のキャリアの中で**いまが最も企業からのニーズが最も多い**と実感しています。この要因を賃金制度と人事評価制度の双方から見ていきましょう。

近年、採用難や転職者の増加といった課題に対応するため、初任給を中心に賃金が上昇しています。

また切り口は少し異なりますが、最低賃金の大幅な引き上げも続いています。採用力向上のために賃金水準を引き上げる場合には、単純に全社員を対象に一律のベースアップを行うのではなく、下図にあるような従来の「反り上がりカーブ」を、転職市場も意識した「早期立ち上げカーブ」に変更していくことになります。このようにして**賃金制度の改定ニーズ**が生まれているのです。

賃金の反り上がりカーブと早期立ち上げカーブ

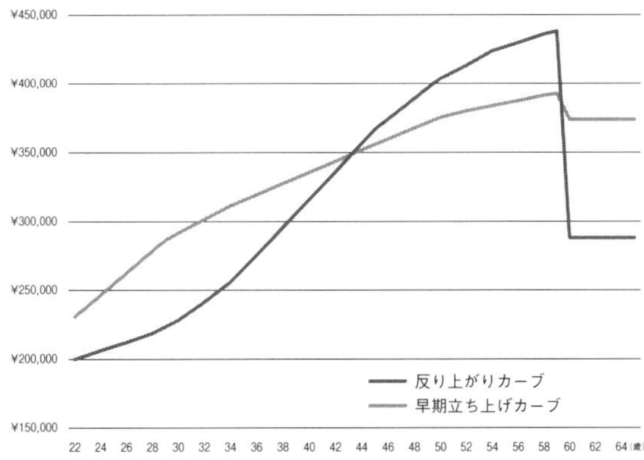

また、効果的な人材育成や社員の定着促進を考えれば、**人事評価制度も重要な要素**となります。

人事評価制度というと「査定」のようなイメージをお持ちの方が多いのではないかと思いますが、人事評価制度の本質は、会社の経営戦略に基づき、各社員に求める能力や役割を定め、共有することにより、人材育成と効果的な業務遂行を実現する点にあります。

企業としても新規採用がなかなか進まない中、既存人材の育成と定着を重要なテーマとして考え、**人事評価制度の整備**、さらには**教育の仕組みの再構築**を進めており、こうした仕組みづくりのニーズが高まっています。

(2) 社会保険手続き・給与計算などのアウトソーシング業務

一方、(2)社会保険手続き・給与計算などのアウトソーシング業務については、HRTechの様々なクラウドサービスの普及によってニーズは減少していくと考えられている方が多いと思いますが、実態はそうではありません。

確かに給与計算や勤怠管理、人事管理などのクラウドサービスを利用する企業は急増していますが、これらの業務はそんなに簡単なものではありません。

例えば、勤怠管理システムを稼働させようとすれば、そもそもの労働時間管理のルールが適切に整備されており、かつクラウドシステムで管理できる仕組みになっていることが求められます。

しかし、現実には、この時点でつまずいてしまう企業が少なくありません。また、システムにその内容を設定した後、運用する中で問題が発生すれば、その対応策を検討したうえで、システム設定の見直しを行っていくことになります。これを専門知識がない中小企業の経営者や担当者が行うのは大変な作業です。

クラウドサービスを提供するベンダーは「システムを導入すればあらゆる管理はすべてシステムがやってくれる」と宣伝しますが、

スマホのように簡単に使えるかといえば、決してそんなことはありません。**システムを活用するためにも一定以上の専門性がある人材が求められる**ことになります。

また、昨今、これまで社会保険手続きや給与計算などを社内で行ってきた中堅〜大企業においては、そうした業務を**アウトソーシング**しようとする機運が高まっています。

この背景にあるのも人手不足なのです。そうした企業もやはり人手不足の状態にあることから、とかく**管理部門の人員は最低限に抑えられがち**です。

実態を見ると、従業員500〜600人規模の会社でも、給与計算等の業務を担当者＋アシスタントといった体制で行っており、その担当者が長期欠勤したり、退職することになれば、直ちに業務が停止してしまうケースがしばしば見られます。

さらには**担当者の高齢化**が進み、定年が徐々に気になってくるなどの状況があると、こうした業務は社外にアウトソースして、安定的に回していくことがリスク管理の観点からも重要であるという判断に傾きがちなのです。

「今後、手続業務や給与計算業務に未来はない。これからの社労士の生きる道は３号業務しかない」などの意見を耳にすることがよくありますが、それは実態に基づかない机上の空論であると感じます。

30年前とは仕事の進め方も顧客ニーズの切り口も変化していますが、こうした業務は、これからも**形を変えながら、社労士の重要業務であり続けるはず**です。

②働き方改革以降続く頻繁な法改正

法改正と聞くと受験生であれば、「試験合格のための重要なポイントで、重点的にチェックしておく必要がある厄介な存在」といった認識ではないかと思いますが、開業社労士にとっては**新しいサービスのネタ**という歓迎すべき位置づけとなります。

特に働き方改革以降、様々な法改正が行われています。次ページの表は近年の主な法改正とそれにより生み出された社労士の新サービスです。

このように法改正は、社労士にとっては業務を拡大する好機であり、いわば**法改正によって国が社労士のマーケティングを行ってくれているようなもの**です。法改正に関する最新情報にキャッチアップすることは大変ではありますが、それにより多くのニーズが生み出されるありがたい存在でもあります。

③労働トラブルの増加とコンプライアンス意識の高まり

社労士へのニーズの増加要因として、労働トラブルの増加とその原因の多様化も挙げられます。

かつてのトラブル要因は圧倒的に解雇でしたが、近年では**ハラスメント**や**時間外労働の賃金不払い**等が上位となっています。

また、インターネットで様々な情報を簡単に得られる環境となっていることや、弁護士やユニオンなど様々な第三者が絡んだ紛争も増え、その対策は従来よりも難しくなっています。

そのため、そうした**トラブルを防止し、コンプライアンスを確立するための相談業務**へのニーズが高まっています。

なお、この点については弁護士と連携し、対応できる体制を構築しておくことが望まれます。

働き方改革以降の主な法改正とそこから生まれた新サービス

労働基準法	**年5日の年次有給休暇の確実な取得** 1. 斉一的取扱いの導入など年休管理手法の提案 2. 年次有給休暇管理簿や就業規則の整備	労働施策総合推進法	**パワーハラスメント対策の義務化** 1. ハラスメント防止ポリシー、就業規則などの整備 2. 管理者・一般従業員向けハラスメント防止研修の実施 3. 相談窓口の整備・受託
労働基準法	**時間外労働の絶対的上限規制** 1. 勤怠管理システムの導入提案 2. 36協定の見直しと特別条項運用ルールの策定 3. 労働時間削減に向けた各種コンサルティング	高年齢者雇用安定法	**70歳までの就業機会確保の努力義務** 1. 定年延長を含む高齢者雇用制度の整備・就業規則改定 2. 高齢者の賃金決定ルールの整備
労働基準法	**賃金請求時効の見直し** 1. 不払い残業代発生防止のための勤怠管理の見直し 2. 労働時間管理を行う管理者向け研修の実施	育児介護休業法	**産後パパ育休制度の導入等** 1. 育児介護休業規程および労使協定の見直し 2. 男性育休取得促進に向けた社内環境整備
パート・有期法	**同一労働同一賃金** 1. 不合理な処遇差の確認とその対応の検討 2. 正規従業員・非正規従業員双方の賃金制度改革・賃金規程整備	厚生年金保険法	**社会保険のパートタイム労働者への適用拡大** 1. 社会保険料の試算と取得手続き 2. 対象従業員への説明資料の作成と労働契約書の整備

④社労士への認知の高まり

そして何といっても社労士制度への**社会の認知の高まり**が、社労士へのニーズの増加の大きな要因となっています。

現在でもよく「社労士の認知度は低い」といわれますが、**経営者に限定すれば、かなりの認知をいただいている**と実感しています。

社労士は年金業務を除き個人向けのサービスがあまりないことから、一般市民の認知度は税理士などと比較して劣る部分はありますが、仕事を受託する場面においてそれを感じることはあまりありません。**自信を持って提案活動**を進めていきましょう。

コラム

資格取得は人生を変える大きなきっかけになる

SNSを見ていると受験生の皆さんによる「社労士に合格して人生を変えるんだ！」という書き込みを目にすることがあります。

しかし、残念ながら、社労士の資格を取得しただけで人生が変わることはありません。これまで述べたとおり、社労士の背中には強い追い風が吹いていますが、**単に社労士であるというだけで、仕事がどんどん舞い込み、事務所経営が、あっという間に軌道に乗るということは絶対にありません。**

これは社労士に限った話ではなく、医師でも弁護士でも税理士でも同じでしょう。

しかし、実際に多くの合格者にとっては、資格取得が**「人生が変わる大きなきっかけ」**になっていることは間違いありません。

- 専業主婦から多くの職員を雇用する社労士事務所をつくり上げ、上場企業の取締役に相当するような報酬を得ている
- 中小企業の事務担当者をしていたが、大企業の人事部にキャリアアップした
- 早期退職優遇制度を活用して独立開業したことで、70歳近くになっても開業社労士として充実したセカンドキャリアを歩んでいる
- 就職活動に失敗したことで非正規社員として職を転々としてきたが、社労士事務所に正職員として就職することができ、安定したキャリアと生活を手に入れることができた

社労士業界に身を置いていると、こうした話をよく耳にします。しかし、こうした皆さんは、社労士の資格を取得したうえで、様々な努力をされたから、このような人生が変わる経験をするに至っています。

社労士に合格することで、そのきっかけをつかみ、一生の仕事にできるよう頑張っていきましょう。

経営資源の中で、ヒトだけが減少するという時代になっています。働く「ヒト」を専門的に扱う唯一の国家資格者である社労士を取り巻く環境はこれまでにないレベルでよい状況になっており、社会からの強い期待を感じています。

本書をきっかけとして皆さんが社労士として活躍し、働くヒトと企業の双方において「よい環境」が全国に数多くつくられることを期待しています。

CHAPTER 1

社労士試験を受ける人が知っておきたいこと

林 由希

CHAPTER 1

01 試験を受ける時に必要な受験資格

病気療養しながら２度目の受験で合格

私が「社会保険労務士」と出会ったのは28歳の時。当時、生命保険の外交員をしていた私は、法人の訪問先を紹介してくださる方を探している中で、ある社会保険労務士の方とご縁がありました。

最初は**「シャロウシ？　何をする人？」**と、その存在さえ知りませんでしたが、経営者に寄り添って一緒に闘っておられるその方の姿を見ているうちに、素敵な仕事だと思うようになりました。

その後、私は体調を崩して休職。復職はできたものの思うように働くことができず、退職せざるを得なくなりました。その時、前述の社労士の方から、**「あなた、社労士になりなさい。あなたなら、きっと成功できるよ」**という言葉をいただきました。この励ましに勇気づけられ、病気療養しながら勉強を始め、2010年、２度目の受験で合格、2011年４月に開業し、現在に至ります。

「社労士の試験に挑戦しよう」「ちょっと興味あるな」と本書を手に取ってくださった皆さん、見つけてくださったことに感謝します。そして、私からも皆さんにお伝えしたいです。「あなたなら、きっと成功できる」と。CHAPTER 1では私の経験も踏まえて、合格を勝ち取るために知っておいてもらいたいことをお伝えします。

受験資格は3つある

社会保険労務士は、社会保険労務士試験に合格し、社会保険労務士名簿に登録することによって、なることができます。

まずは、社会保険労務士試験に合格することが必須条件です。

社会保険労務士試験の受験資格は、以下の3つに分けられ、この中のいずれか1つを満たしている必要があります。

①学歴　②実務経験　③厚生労働大臣の認めた国家試験合格

申込み時には、受験資格を有することを明らかにすることができる書面「受験資格証明書」を提出しなければなりません。

受験資格の**①学歴**は、大学、短期大学卒業や専門学校卒業など、**②実務経験**は、労働社会保険諸法令の規定に基づき設立された法人の役員または従業員（健康保険組合、労働保険事務組合等）や社会保険労務士または弁護士の補助者など、**③厚生労働大臣の認めた国家試験合格**は、司法試験予備試験等の合格や行政書士試験の合格などとなります。

自分に受験資格があるかどうかは事前に確認することができるので、社会保険労務士試験オフィシャルサイト内の「受験資格の事前確認」を利用していただければと思います。

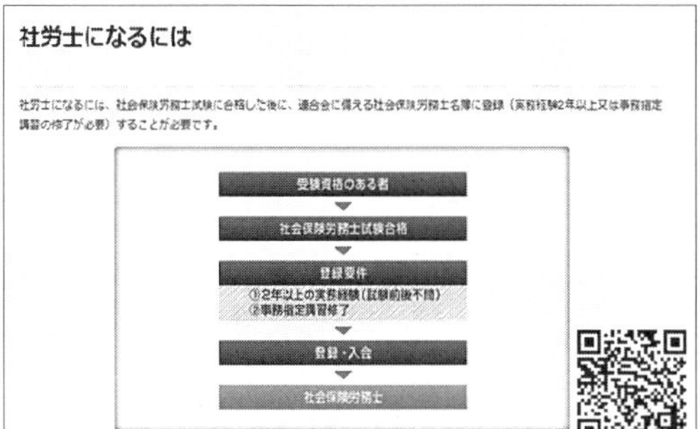

出所：全国社会保険労務士会連合会ホームページ

CHAPTER 1

02 試験の概要をチェック（日程・科目・試験形式）

試験は毎年８月下旬。試験形式は選択式と択一式の２種類

社会保険労務士試験は1969（昭和44）年度から毎年１回実施されています。2000（平成12）年度からは厚生労働省の委託を受けて「全国社会保険労務士会連合会」が合否判定を除く社労士試験事務を行っており、現在は19の試験地（北海道、宮城県、群馬県、埼玉県、千葉県、東京都、神奈川県、石川県、静岡県、愛知県、京都府、大阪府、兵庫県、広島県、香川県、岡山県、福岡県、熊本県、沖縄県）で**８月下旬の日曜日に実施**しています。

受験申込みは、2022（令和４）年度から書面のほかインターネットでも受理するとともに、合格発表は10月上旬となりました（これまでの11月上旬から１か月繰り上げ）。合格者は、官報、厚生労働省ホームページおよび社会保険労務士試験オフィシャルサイトに受験番号が掲載され、受験者本人にも書面で通知が届きます。

試験は、「選択式」と「択一式」の２種類の試験形式があります。**選択式は８科目からそれぞれ１問ずつ出題されます。**文章中の５つの空欄に入るものを選択肢の中から選び、その番号をマークシートに記入します。**択一式は７科目からそれぞれ10問ずつ出題されます。**５つの選択肢から正解肢をマークシートに記入します。

試験科目の内容と試験形式

試験科目	選択式 計８科目 （配点）	択一式 計７科目 （配点）
労働基準法及び労働安全衛生法	１問（５点）	10問（10点）
労働者災害補償保険法（労働保険の保険料の徴収等に関する法律を含む。）	１問（５点）	10問（10点）
雇用保険法（労働保険の保険料の徴収等に関する法律を含む。）	１問（５点）	10問（10点）
労務管理その他の労働に関する一般常識	１問（５点）	10問（10点）
社会保険に関する一般常識	１問（５点）	
健康保険法	１問（５点）	10問（10点）
厚生年金保険法	１問（５点）	10問（10点）
国民年金法	１問（５点）	10問（10点）
合計	８問（40点）	70問（70点）

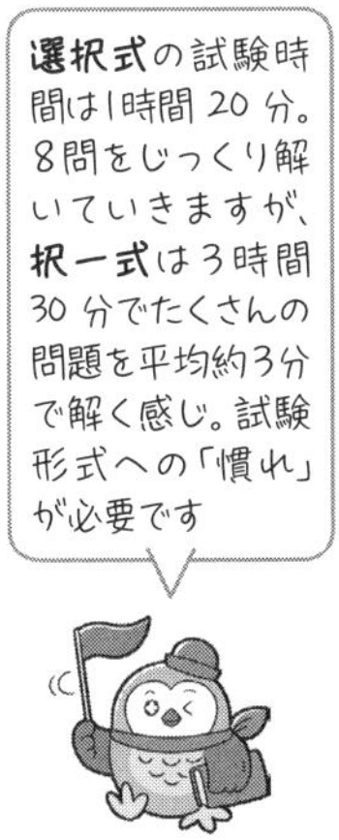
選択式の試験時間は1時間20分。8問をじっくり解いていきますが、**択一式**は3時間30分でたくさんの問題を平均約3分で解く感じ。試験形式への「慣れ」が必要です

選択式は、1999（平成11）年度まで記述式だった形式を、受験者の増加などを理由に選択式に変更したものです。各科目について文章中のＡからＥの５か所の空欄に当てはまる適当な語句または数字を語群から選択してマークシートに解答します。試験時間は１時間20分ですから、**１問を平均10分でじっくり解くことができます**。

択一式は、「正しいもの」と「間違っているもの」を１つずつ選択してマークシートに解答する形式が基本ですが、2012（平成24）年の試験から「組み合わせ」問題（選択肢の中に「正しいもの」または「間違っているもの」が２つあり、その組み合わせを選ぶ）が出題されるようになりました。すべての選択肢を正確に判断することが求められるので難易度はアップしましたが、その分、問われている知識は基礎的なものが増えていると感じます。過去問や法改正

をしっかり勉強していれば問題なく得点できるでしょう。

択一式の試験時間は3時間30分。長時間の試験になりますが、**問題数が多いので平均すると約3分で1問を解く感じです。受験までに問題をたくさん解き、択一式の試験形式に慣れておきましょう**。

合格基準は年度により多少前後しますが、例年、総得点の7割程度となります。それぞれの試験における総得点の基準と、科目ごとの基準、両方の基準をクリアする必要があります。2023（令和5）年度の合格基準点は、選択式26点以上、各科目3点以上、択一式45点以上、各科目4点以上で、原則の合格基準点に近い基準でした。

合格基準点

選択式試験	総得点	40点中	28点以上（2000年度平均点25.9点）※満点の7割以上
	各科目	5点中	3点以上
択一式試験	総得点	70点中	49点以上（2000年度平均点35.1点）※満点の7割以上
	各科目	10点中	4点以上

出所：厚生労働省資料「社会保険労務士試験の合格基準の考え方について」

過去10年の社会保険労務士試験合格基準点の推移（著者作成）

回	年度	選択式			択一式		
		合格基準点	科目最低点	補正	合格基準点	科目最低点	※補正
55	2023年度	26点	3点		45点	4点	
54	2022年度	27点	3点		44点	4点	
53	2021年度	24点	3点	労一→1点　国年→2点	45点	4点	
52	2020年度	25点	3点	労一・社一・健保→2点	44点	4点	
51	2019年度	26点	3点	社一→2点	43点	4点	
50	2018年度	23点	3点	社一・国年→2点	45点	4点	
49	2017年度	24点	3点	雇用・健保→2点	45点	4点	厚年→3点
48	2016年度	23点	3点	労一・健保→2点	42点	4点	一般常識・厚年・国年→3点
47	2015年度	21点	3点	労一・社一・健保・厚年→2点	45点	4点	
46	2014年度	26点	3点	雇用・健保→2点	45点	4点	一般常識→3点

CHAPTER 1

03 受験者や合格者はどんな人？

受験者数等と合格率の推移

社会保険労務士試験の受験申込者数と受験者数を振り返ると、過去最高の数字（受験申込者数70,648人、受験者数55,445人）となった2010（平成22）年度をピークに、その後、受験申込者数５万人未満、受験者数４万人未満で推移する横ばい傾向にありました。

ところが、**2021（令和３）年度から増加に転じる動きが見える**ようになり、コロナ禍での試験実施だった2022（令和４）年度では受験申込者数52,251人、受験者数40,633人となっています。

受験者数・合格者数・合格率の推移

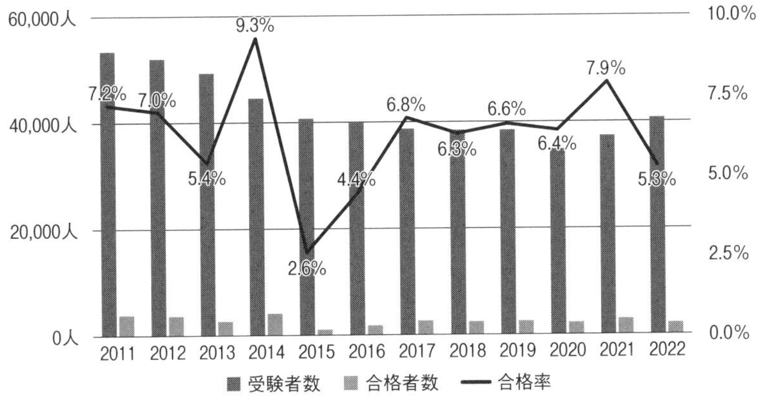

合格率は、過去最も低い2015（平成27）年度を底に、ここ数年は6〜7％台で推移し安定していましたが、2022（令和４）年度は例年より低い5.3％でした。ただし、2023（令和５）年度は6.4％と、再び６％台に戻っています。

合格者の年齢別構成は、2023（令和５）年度のデータによると、30歳代と40歳代が全体の６割を占め、20歳代は１割強、50歳代は２割弱となっています。

合格者の年齢別構成 ※円グラフは2023年度の数字

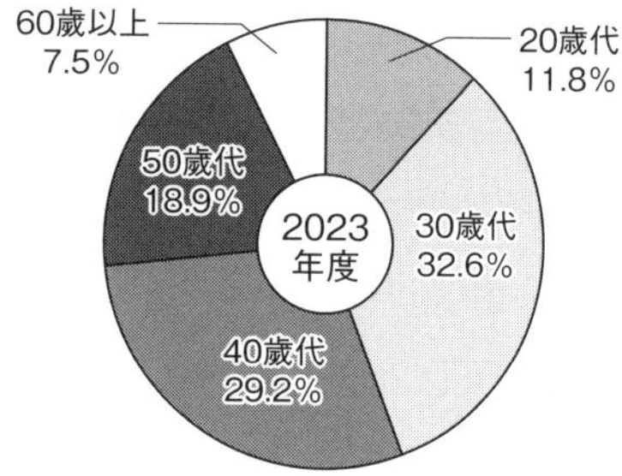

（%）

（年度）	2013	2014	2015	2016	2017	2018	2019	2020	2021	2022	2023
20歳代	11.8	11.19	5.6	9.19	10.0	9.2	8.2	12.39	12.8	10.7	11.8
30歳代	40.7	35.89	32.5	31.49	30.7	29.59	33.1	30.19	35.6	30.4	32.6
40歳代	23.5	28.59	30.9	32.3	31.2	32.8	31.5	30.19	28.5	31.49	29.2
50歳代	13.3	17.99	18.0	18.8	19.6	19.2	18.8	18.79	16.9	20.1	18.9
60歳以上	5.7	6.7	5.0	8.4	8.5	9.3	8.4	8.8	6.2	7.1	7.5
最年少者	19歳	20歳	21歳	20歳	17歳	20歳	20歳	20歳	20歳	20歳	21歳
最高齢者	76歳	79歳	77歳	79歳	74歳	84歳	75歳	78歳	73歳	75歳	76歳

合格者の半数以上が会社員

合格者の職業は**会社員が半数以上**を占めていますが、公務員、団体の職員、自営業、役員といった方々も増えてきています。

一方、学生の割合が比較的少ないのが残念です。受験資格を満たす要件が限定的なので（69ページ参照）、卒業後のほうが受験資格を満たしやすいともいえますが、「社会保険労務士」という職種を知らない学生が少なくないことも要因の１つと思われます。

コラム

今後は大学在学中の受験者数が増える可能性も

前ページで触れたように、社会保険労務士の合格者の構成を見ると、学生の割合が低くなっています。

社労士は働くことの楽しさや大切さを実現するための職業なので、社会に巣立っていない方にはピンとこない面もあるかもしれません。

それでも私は、「明るい社会をつくるために貢献していくことができる仕事なんだよ」と、大学生や専門学校生はもちろん、中学生や高校生など10歳代の方にも知っていただく機会を、もっと増やしていくことが必要だと感じています。

私は、母校である地元の大学での講師活動を通じて、現役学生や元学生と話をする機会がありますが、「社労士」についてよく知らない方がほとんどです。

そこで、社労士としての私の仕事内容などを説明すると、たいてい興味を持ってくれます。

「どうやったら社会保険労務士になれるのですか？」
「私も社労士になりたいです！」

社会保険労務士に興味を持ってくれた場合は、試験概要を説明し、過去問を見せるようにしています。すると必ず出る言葉が、**「これならできそうだし面白そう。やってみようかな？」**です。

社会保険労務士試験の合格は一生モノであり、仮に合格しなかったとしても、試験勉強によって自分や大切な人を守る知識を持つことができる点に魅力を感じてくれているようです。

なお、全国社会保険労務士会連合会では、全国各地の大学内のキャリアセンター（就職指導課）等と連携を図り、社労士制度の魅力を伝える取り組みを進めていく模様です。この社労士会の事業を通じて、今後「明るい社会をつくる同志」が増えると思うとワクワクしています。

社労士は性別を問わず働きやすい仕事

38ページでも説明しているように合格者の男女別構成は、おおむね男性65％・女性35％となっています。「士業は女性が少ない」といわれる中、他の士業と比べて社会保険労務士は女性の割合が大きい点も特徴です。

個人的な経験を踏まえていうと、社労士は男性・女性を問わず、とても働きやすい仕事だと思います。

例えば私の場合、開業当初は小学生の子育て真っただ中でしたが、最初から収入の見込みがあったわけではないので営業活動をしなくてはいけませんし、わからないことだらけなので勉強も必要でした。

そこで、開業登録したばかりのころは、家族の協力と理解（我慢？）を得ながら、労働局などでの行政協力や、街角の年金相談センターや年金事務所での年金相談業務などの募集に積極的に参加し、収入と経験を積んでいました。

営業活動にすべての時間を捧げなくても、徹夜して勉強しなくても、社労士会の事業や行政協力に参加させてもらえたことで、家事と育児のバランスを取りながらキャリアを積んでいけたところが、女性であり、妻であり、母である私が社労士の仕事を続けられた理由のように思います。

これは**女性に限らず、男性にとっても、生活とのバランスをとりながら仕事を続けやすい環境**といえるのではないでしょうか。

CHAPTER 1

04 難易度と難関への対処法

平均受験回数は4回程度といわれているが……

合格までの平均受験回数は4回程度といわれています。

ただ、私の個人的な印象からすると**2～3回の受験回数で合格されているケースが多いように感じます**。1回で合格する方と複数回チャレンジして合格される方もいるため「平均すると4回くらい」となるのでしょう。

合格率の推移を見ると2015（平成27）年度は2.6％と厳しい結果でしたが、ここ最近は7％前後となっています。

試験内容を確認すると、**奇をてらった問題よりも実務的かつ基本的な問題を採用していることが感じられる**ため、基礎学習対策を怠らなければ決して合格できない試験ではなくなってきています。

資格試験と高校・大学等の受験の大きな違いは、1つは資格試験のほうが受験する年齢層が幅広いこと、もう1つは資格試験では受験生の立場や環境が1人ひとり違っていることです。

置かれている環境によって勉強に費やす時間や方法は異なりますから、「1回で受からない試験だから難易度が高い」とはいえません。

ただ71ページで示したように、社会保険労務士試験は科目数が多く、**合格基準点に科目最低点を設定しているため、いわゆる“捨てる科目”をつくることができません**。

✓ 受験生を悩ませる「一般常識」について

社会保険労務士試験が合格しにくいと思われる理由の１つとして、試験の対象となっている法律が多いということもよくいわれます。大小含めて10科目ありますが、概要をまとめたのが次ページの図表です。ご覧のとおり、かなりのボリュームになります。

特に**「労務管理その他の労働に関する一般常識」「社会保険に関する一般常識」の２科目の出題範囲は膨大**で、受験生にとって最大の難関になります。

関連する諸法令も膨大な数があり、さらに統計や最近のトレンドまで出題されるため、かつて専門学校で受験指導に携わっていた際、「どのように勉強すればよいか？」とよく相談されたものです。勉強法は人それぞれですが、私は以下の２点をお伝えしていました。

①**関係諸法令**を完璧にマスターすることに注力すれば大丈夫
②厚生労働省が公表している「労働経済白書」や「厚生労働白書」は読まなくてもOK。ただし、**新聞やネットニュースの見出し**は毎日必ず眺め、テレビやラジオ等の**ニュースは聞き流しておく**

上記②に関して補足すると、受験生の脳は試験に関係ある情報に敏感になっていますから、特別な意識を向けなくても情報をキャッチする傾向があります。脳は興味のない情報は受け取りませんから、受験対策に必要な情報は自然と頭に入ってきます。トレンド等の対策よりも関係諸法令をマスターすることに集中してください。

あまり聞いたことのない問いが出題されたとしても、それはどの受験生にとっても聞き慣れない「知らない問題」といえます。そん

各科目の概要

労働基準法	労働条件の最低基準を定めた法律です。賃金や労働時間、解雇などがよく出題されます。判例等の長文問題の出題も増えてきました。
労働安全衛生法	労働災害から労働者を守るために、安全衛生管理体制や健康管理等について定めた法律です。日常生活では馴染みのない規定や語句、専門用語が多い科目です。
労働者災害補償保険法	いわゆる労災の給付に関することを定めた法律です。保険給付ごとの支給要件や支給額が出題されます。給付通則からの出題も多くあります。
雇用保険法	労働者が失業した場合に必要な給付を行うことによって労働者の生活と雇用の安定を図るとともに就職を促進し、失業の予防など労働者の福祉の増進を図ることを目的とした法律です。雇用保険事務や給付日数などの数字等が出題されます。具体的な事例を問われることもあります。
労働保険の保険料の徴収等に関する法律	労災保険と雇用保険（合わせて労働保険と呼ばれます）の保険料の徴収方法や加入手続きなどについて定めた法律です。労働保険料の申告、納付、保険料額の計算問題などが出題されます。
労務管理その他の労働に関する一般常識	労働組合法、労働契約法、労働者派遣法などの労働関係法規、労働統計や雇用動向等の労働経済、労務管理の3分野となります。諸法令、労働経済、労務管理を通して広く出題されます。
健康保険法	業務外の病気やケガの給付について定めた法律です。適用や被保険者、保険給付について出題されます。労災保険、雇用保険、労働保険徴収法と知識が混同しないように注意が必要です。
厚生年金保険法	厚生年金保険の加入手続きや、保険給付について定めた法律です。国民年金の上乗せ部分として厚生年金保険から給付が行われるため国民年金法とも非常につながりの深い科目です。保険給付からの出題が多く、具体的な相談事例を出題されることもあります。
国民年金法	厚生年金保険に加入していない国民を主たる対象者としていますが、全国民共通の基礎年金の給付を担っている法律です。厚生年金保険法と関連する法律ですが、厚生年金保険法とは違うところもたくさんあり、よく出題されます。
社会保険に関する一般常識	社会保険の歴史的沿革や社会保険の管理運営、最近の動向、国民健康保険法や高齢者医療確保法、介護保険法などの諸法令も対象となる科目です。諸法令からの出題はもちろん、沿革や、医療と年金の関連や社会保険の実態や数字などが出題されます。

な問題は、どんなに勉強を頑張っていても、確実な正解を選びづらいわけですから、合否に大きな影響は生じません。正解できる人はほとんどいないのですから。

むしろ、どの受験生にも確実に知っておいてほしい「関係諸法令」の問題は、誰もがしっかり勉強していますから、正解する人が多くなります。みんなが正解できる問題を絶対に落とさないことが合格への絶対条件です。**「とにかく関係諸法令の勉強を！　みんなが転ばないところで絶対に転ぶな」**なのです。

合格に必要な勉強時間の目安は1000時間程度

「誰もが正解するところでミスしないのが合格のポイント」と力説するのは、本試験で平均得点が低い科目ができてしまった場合、設定されている科目最低点が下がるからです。これを「救済措置」といいます。みんなが転んだ時は助けてくれるのですから、安心して基本勉強をしていきましょう。

「労働基準法は得意だけれど、年金が苦手で、一般常識の得点が伸びない」という状況で合格することはできません。**科目最低点は絶対にクリアしなくてはいけない**からです。

マークシート式の試験とはいえ、運だけで合格基準を超えるのは難しく、そもそも内容を知らなければ答えを選べない問題が多いのも社労士試験の特徴です。

断言しておきます。社労士試験は暗記勝負です。**受験科目になっている法律を確実に覚えなければ合格できません。**

社労士試験対策講座を開講しているスクール等では「合格に必要な勉強時間の目安は1,000時間程度」としています。学生であれば時間を確保しやすい在学中に勉強に着手するのがベストでしょう。

集中した時間を確保しづらい社会人の場合は、「合格には関係諸法令を覚えなければならない。では、どんな勉強が必要か？　どう進めていけばいいか？」を、自分の生活リズムや状況に合わせて考えていくことになります。

CHAPTER 1

05 「合格」に近づくために押さえたいポイント

目標は「合格」――これを常に意識する

かつて私は専門学校で６年間、受験指導をしていました。合格を勝ち取った教え子たちが社会保険労務士として活躍している姿がとても誇らしく、「私自身ももっと頑張ろう」と鼓舞してもらえる素晴らしい存在です。

この経験を踏まえて、皆さんにお伝えしたいことがあります。それは、**「社会保険労務士試験の勉強の目的は『合格』すること」**です。

「あたりまえじゃん！」と笑われるかもしれませんが、これが一番大切なポイントなのです。**「その行動を選んだのは、どのような未来を望んでいるからなのか？」**を常に意識すると、結果は必ず望みどおりになる！　２人の子どもたちの母として22年、社会保険労務士をする経営者として歩んできた13年の中で得た確信です。

冒頭で述べたように、病気療養中だった私が望んだ未来は、「身体が弱く、フルタイムで勤務することができない私のままでも、子育てと仕事をどちらも楽しみながら、経済的に自立し、子どもたちと笑顔で暮らすこと」でした。

この未来のために選んだのが「社会保険労務士になること」で、そうなるためには試験に合格する必要があります。

だから、私は合格することしか考えていませんでした。

合格に向けて私がしていた受験対策はこの３つ

合格するために私がしていたことは次の３つです。

①必出・頻出事項を**１つでも多くの問題を解く**ことで覚える
②テキストを読むよりも、過去問を解いて「問題文の表現」に慣れることで**“読問スピード”を上げる**
③わからないことは**一度そのまま丸暗記**する。丸暗記してから講師に質問し、理解する

誤解を恐れずいうのなら、解けなかった問題について、すぐに解答解説を確認せず一人で深く考察するのは「時間のムダ」です。**解けなかった問題はその場ですぐインプットし、何度も解くことでアウトプットを繰り返して覚えこむ**、これが合格するための勉強です。

受験生の「難しい」にはたくさんの意味があります。「知らなかった」も「忘れた」も「時間がなくて問題が読めなかった」も全部「難しい」となります。でも、実際はそれぞれ違います。「知らなかった」のは仕方がありませんから、知った時に覚えればいい。

でも、**合格するには「忘れた」と「時間がなかった」は絶対解決しなくてはいけない課題です**。そのために①②に取り組みました。

受験指導をしていた際、一発合格する方の共通点を見つけました。それは**「素直さ」**です。わからないことや知らなかったことに直面した時に「難しい」とはいわず、わからないことを素直に吸収し、講師の伝える勉強方法を瞬時に取り入れていました。それを踏まえると、③のやり方を取り入れていた私は正しかった（当時の私は素直だった？）のかもしれません。

CHAPTER 1

06 暗記&試験日を意識してプランを練る

「1,000時間勉強」ではなく「記憶を定着」できれば合格する

しつこいと思われるかもしれませんが、04でもお伝えしたことを、もう一度いいます。社会保険労務士試験は暗記勝負です。**どうやって記憶を定着させるかを見つけることが合格への近道**になります。

記憶を定着させる方法として一番簡単なのは、とにかくたくさん触れることです。

「たくさん触れる＝勉強時間をたくさん使う」の発想で、仮に合格に必要な勉強時間を1,000時間とし、試験までに200日ある場合、1日5時間勉強すれば合格できることになります。

会社勤めをしている方の場合で、仮に通勤時間が往復1時間、会社にいる時間が休憩時間を含めて9時間だとすると、1日5時間勉強するには睡眠時間や食事などの時間は9時間となります。

この計画は現実的でしょうか？

残業や飲み会等のおつきあいもあるでしょうし、体調が悪い時もあるかもしれません。やる気にならない日もあるでしょう。そうなると、「毎日5時間を200日達成しなければ合格できないとしたら、社労士になることは無理ゲー（クリアするのが難しいゲーム）だ」となってしまいます。

「1,000時間勉強したら合格できる」「1,000時間勉強できなければ合格できない」、こう考える方が非常に多いですが、これは間違っています。**記憶を定着させたら合格できる**のです。

社労士の受験勉強術を紹介した本はたくさん出版されていますが、どれも記憶の定着方法を紹介しています。

これから勉強しようと思っている方や暗記がはかどらず悩んでいる方は、こうした本の中から自分の境遇に近い著者を探し、相性のいい勉強方法を早く見つけるところから始めるのも一案です。

「数値化した目標」を具体的に立てる

社会保険労務士試験は毎年８月下旬に実施されます。この日が皆さんの決戦の日。１年に１度だけの試験です。

決戦の日までの残り日数はどれくらいあるか？　試験日の１か月前、３か月前、半年前——。自分で決めた区切りの日に「ここまでできるようになろう！」という目標を立てることをおすすめします。

「○月までに労働基準法を終わらせる」という計画の立て方をしている方もいますが、記憶を定着させるための目標としての効果は弱いです。

「半年前は過去問の正答率70%、３か月前は80%、１か月前は99%を達成する」、このような具体的な目標を立てます。

本試験直前期には各専門学校が模擬試験を開催してくれるので、ぜひ受験してください。過去問での正答率が上がっていれば、模擬試験の正答率も悪いものにはなりません。

模擬試験は、各専門学校が出題傾向を研究し、最近のトレンドも取り入れた本試験出題予想問題です。模擬試験で知らなかった問題に出会っても、焦る必要はありません。模擬試験を受けたことで知ることができたのですから、**受けなかった受験生より大きなアドバンテージを手に入れた**のです。模擬試験で知ったことも記憶にしっかりと定着させましょう。

本試験当日に向けて「時間」と「暑さ」の対策も

直前期には必ず「本試験と同じ時間」で過去問を解く日をつくってください。集中力を保つためにも、試験を解く体力づくりのためにも、必ず時間を測って取り組んでください。

さらに健康管理もしっかり意識しましょう。

本試験当日は毎年猛暑の中での受験となります。試験最後の追い込みに夢中になっていると、連日の暑さに対応するために疲れている自分の「身体のケア」を怠りがちです。

せっかく頑張ってきたのですから、**睡眠時間はいつも以上にとるように心がけ、**ここまで一緒に頑張ってきてくれた身体を労う気持ちでいたわってあげましょう。万全の体調で試験に挑めば、合格は皆さんのものです！

CHAPTER 1

07 ラクせず最初から「しんどい勉強」を！

受け身の「ラクな勉強」を私がおすすめしない理由

合格するための勉強とは「記憶を定着させる勉強」です。

記憶を定着させるためには、繰り返し反復することが必要です。**今日も、明日も、明後日も、毎日「過去問」に取り組んでください。**勉強を始めたばかりでも、まず過去問を解いてください。一問目からわからないと思います。その場合は悩まず「？」と書いておきます。

はじめのうちは、5問終わったら解答解説を読んでください。解答解説で答えを覚えたら、テキストを開き、過去問に出ていたことをチェックしましょう。マーカーを引いても、線を引いてもいいです。ノートに書き出してもいいです。**「ここがポイントなんだよ！」と自分に教えてあげましょう。**これを続けていきます。

慣れてくると解答解説を開く回数が減っていきます。これが「記憶が定着してきた証」です。**最初から問題を解くやり方は、一番しんどい勉強方法ですが、一番効果があります。**

「テキストを読む」「講義動画を観る」、これらは受け身の勉強方法です。きついいい方かもしれませんが、受け身の勉強方法はラクです。ラクなので記憶を定着させるまでに多くの時間を費やさなければならなくなります。受け身ですから、知識はすーっと頭を通り過ぎ、定着しないまま流れていきます。

私のおすすめする方法はラクな勉強法ではありません。でも、**しんどくても「最初から過去問に挑む」をぜひしてみてください**。効果は絶大ですから。

✔ 必死にならず、無理のない「現実的なプラン」を

「しんどくてもチャレンジを」とは思いますが、「必死になれ」とはいいません。その字を見てください。「必ず……」ですね。**必死にならなくては実現できないプランを立てるのはやめましょう。**

勉強は、試験に合格し、今よりも楽しい毎日を送りたいからするのです。楽しい日々を送る前に人生が終わってしまっては元も子もない。今の皆さんの生活・環境で「実現可能なプラン」を考えてください。**勉強に生活を合わせるのではなく、生活に勉強を合わせましょう。**そうしないとプランは破綻してしまいます。

変化は最小限にする――これが大切です。例えば、自分が勉強することに家族の協力が必要で、応じてもらえる場合、**「協力を求めるのはできる限り最小限にしよう」と心がけてみてください**。差し伸べてくれる手は感謝して受け取りつつ、自分も家族に協力しましょう。これは家族に過大な無理をさせないためです。

勉強を始めてから家庭の雰囲気が変でモヤモヤするな……と感じた時は、「なぜ自分は社労士試験に合格したいのか？」を思い出してください。勉強するのは合格が目的ですが、合格が最終目的ではないですよね。描いた未来をを実現させるためにも、**必死にならない、無理はしない（させない）**。これを忘れないでください。

コラム

勉強する時間と体力がない私はこう勉強した

●「ながら勉強」で試験勉強スタート

私が勉強を始めたのは、病気のために勤務先を退職し、雇用保険の失業給付を受給している時です。

私には子どもが2人いて、当時、上の子は小学校1年生、下の子は保育園の年少さんでした。子どもたちがいない昼間は、勉強する時間がたっぷりありましたが、体調は安定せず、最低限の家事をこなすだけで精一杯。横になる時間が必要で、まとまった勉強時間の確保は絶対に無理……、そんな状況でした。

一方で、「合格するのだ」という揺るぎない信念があったので、「勉強する時間と体力がないのなら、どうしようか？」と考えました。

そこで、わずかながら手にした退職金で専門学校の社労士講座に申し込み、

- **講義DVDを借り、自宅で横になりながら視聴する**
- **上の子が宿題をしている時に過去問を広げ、一緒に勉強する**
- **下の子の寝かしつけの時にWEBの一問一答を解く**

といった「ながら勉強」で勉強に取り組む日々でした。

●「隙間時間」はすべて試験問題に触れる時間に

家事・育児があるので、まとまった時間を確保して集中して勉強しようとすると「深夜」か「早朝」になります。当時の私は体力がありませんでしたから、とても無理。

そこで、隙間時間はすべて社会保険労務士試験の問題に触れるようにして記憶を定着させる方法で合格を目指しました。

浴室やトイレ、キッチンのコンロの前……、普段、なにげなく見ているところに**「覚えなくてはいけない数字一覧表」**や、苦手だった**「労働安全衛生法の安全管理体制をまとめた図」**などを貼り、自分の記憶に刷り込んでいったのです。

●一度目の不合格は想定内。翌年は模試で知識アップ

ほどなくして少しずつ体力も戻り、土日にリビングで過去問を解けるくらいに体調は回復したので、「ながら勉強」以外の勉強法も試せるようになってい

ましたが、残念ながら一度目の受験は不合格。とはいえ、この結果は想定していたことなので、本試験が終わってからも、引き続き勉強を続けました。
二度目の受験勉強ですから、法律科目などは一通り勉強しています。翌年からは、苦手なところやなかなか覚えられないところを徹底的に繰り返し勉強しました。

また、**受けられる模擬試験はすべて申し込んで受験**。この模擬試験の問題も、その後、何度も繰り返し解き、知識をどんどん増やしていきました。
さらに、車の中や家事をしている時には、**講義CDを1.5倍速にして常に流して聴く**ようにしていました。私よりも子どもたちのほうが先に安全管理体制や雇用保険の給付日数を覚えてしまったほどです。
こうした勉強方法によって、おかげさまで二度目の受験では合格することができました。

●自分を労わり甘やかす時間も大切
勉強する環境は人それぞれ。まとまった時間がある人や、恵まれた体力などがある誰かを羨んだところで、状況は何も変わりません。
変えられない現状を変えようとせず、「今のままで、どうやったら少しでも勉強できるだろうか？」と考えることは大切なことです。

ここでは私の「どうやったら少しでも勉強できるだろうか？」と思考した結果をお伝えしましたが、読者の皆さんお一人おひとりの「自分だったら、こうやったら勉強が捗りそうだ」というスタイルがあるはずです。

勉強方法を考える時、**くれぐれも無理はしないでください**。自分の体調や気持ちも大切にしてあげてください。疲れて眠い時は眠りましょう。しっかり休んで、その分、明日頑張りましょう。やる気が出ない時は、潔く勉強をお休みするのもよいと思います。

このように「勉強のお休みをつくる」ことのほか、**頑張ったご褒美を決めておく**こともおすすめです。
私は、過去問を解いていて満点だった時は、大好きなチョコクッキーを食べることをご褒美にしていました。ちょっと高級なクッキーを買っておいて、目の前に置きながら過去問を解いていたのです。食いしん坊の私のモチベーションアップ策としては効果的でした。
こうした「しんどい勉強を楽しくする工夫」も、よろしければ参考にしてください。ただし、食べ過ぎには注意です（笑）。

CHAPTER 1

08 どうせなら「合格後」の妄想を

「もう1つ先のこと」を考えてみよう

社労士試験は合格率が低く、試験も年1回とチャンスが少ないため、何年も不合格になってしまう人が珍しくありません。

勉強しているのに過去問の正答率が上がらず、何度も同じ問題で間違ってしまう――、そんなスランプの時期もあります。

受験生時代の私も、「合格できるのかな」と不安になったことがありました。

そんな時、ある方がこんな考え方を教えてくれました。

思考は現実になる。
「合格できるかな」と思って不安になっていると、
「合格できるかなと不安になること」が現実になる。
頑張っていれば、不安になるのは当たり前。
不安にならないようにするのではなく、
もう1つ先のことを考えてみるといい。
例えば、**「合格したけど開業できるかな」**
「開業したけどお客さんが見つかるかな」と心配する。
そうすると、合格して悩んでいることが現実になるから、合格する。
どうせ不安になるんだから、いつも1つ先のことを考えてみたらどう？

「合格することを通過点にすること」でマインドを維持する考え方を知った私は、勉強に行き詰まると、「開業後、どんなふうに営

業していこうか」「どれくらいの売上で、どんな事務所をつくっていこうか」と考えるようにしていました。

ちなみに、私の事務所「ラクシュミー社会保険労務士事務所」も、勉強に行き詰まって考えごとをしていた時に思いついた名前です。不思議なもので、この考え方を実践していると不安よりもワクワク感が増してきて、「明日は勉強、頑張ろう！と思えました。

社労士浪人をすることになった時は

不合格になると「今までの努力はムダだったのかな」と感じてしまう方もおられるかもしれません。

そうですよね。そう思う気持ち、とてもわかります。前述のとおり、私は不合格を経験しています。本試験が終わってすぐに自己採点し「不合格」と判明したのですが、その時の私は過去問を放り投げ、やけ食いしましたから。

その瞬間は、ショックを受ける自分の気持ちを素直に感じて、許される範囲でストレス発散をしてもよいと思います。

気持ちが落ち着いてきたら、自分が頑張ってきた過去問やテキスト、ノートなどを見返してください。決してムダではなかったことがわかるはずです。不合格になったとしても、定着させた知識は脳に刻まれています。何年も勉強をしている人は、その分だけたくさん定着し、さらに知識の理解も深まっています。

何年も勉強して合格した人は、一度で合格した人よりも知識の量が多く、その理解度も深く、定着度が高いです。このことは、社労

士として働く時に「大きなアドバンテージ」になります。

社労士試験は合格基準が複雑です。なぜなら、社労士としての実務は科目ごとに万遍のない知識を必要とされるからです。頑張れば必ず合格するとは限りませんが、努力により定着した知識は、必ず皆さんのお役に立ちます。これは「絶対に！」です。約束できます。

ですから、**どうか自信を持ってください。社会保険労務士試験の勉強は、実社会で役に立つ知識ばかりです**。どうか、この試験にチャレンジしていることに自信を持っていただきたいと思います。

コラム

人生の再スタートに役立っている社労士資格

私は社会保険労務士になって、とても満足しています。病気になり、大好きな仕事を続けることができなくなった時、働けないことがとてもつらく、社会から拒絶され、放り出されたようでした。頑張れない自分に価値はなく、誰の役にも立たない存在になったのだと思いました。

絶望しか感じない状況で「社労士になりなさい」といってくれた方と出会い、家族や友人の応援を受け、勉強ばかりしている母親の私に、「ママは誰より頑張ってる！　うちのママが一番かっこいい！」と嬉しそうに伝えてくれた子どもたちに救われて、「支えられているだけではなく、支える側に、もう一度なろう。子どもたちと笑顔で人生を楽しむために、もう一度、社会に出てやってみよう」と社会保険労務士に挑戦し、合格、開業しました。

試験に合格した時、神さまから**「社労士で頑張ってみなさい」**といわれているように感じました。社会は私をもう一度受け入れてくれた。だから、これからも学びを深めて、社会に恩返しをしたいと思っています。

働きたいと思う人すべてが働くことを楽しめる社会にしたい、そのために、**「相談してくれる方を日本一、笑顔にできる社労士になる！」**、それが私の目標です。一人では到底、社会は変わりません。どうか皆さんも社労士を勉強してみませんか？　皆さんと一緒なら、そうした社会づくりを実現できる――、そう思います。一緒に頑張っていきましょう！

CHAPTER 2

社労士として開業する人が知っておきたいこと

中村 秀和

CHAPTER 2

01 開業する際に必要な準備①

まずは社労士名簿へ開業登録を

登録申請の流れ

申請者

▼ 入会予定の社労士会に登録申請書類を提出

都道府県社会保険労務士会　受付、審査

▼ 進達

全国社会保険労務士会連合会　審査、社会保険労務士名簿・証票の作成

▼ 証票を発行（登録完了後2週間程度）

申請者

出所：全国社会保険労務士会連合会ホームページ

　社労士として開業することは、やりがいもあるし、自分のスキルやこれまでのキャリアで培った経験を活かせるチャンスです。

　しかし、開業にはそれなりのリスクもあります。この章では、開業までの準備や集客方法、収入面や時間管理など、開業するにあたって直面するであろう様々な課題について考えていきましょう。

　社労士として開業するには**社労士名簿への開業登録が必要**です。登録には**社労士試験に合格**していることに加えて、**2年以上の労働社会保険諸法令に関する実務経験**が必要になります。実務経験が2年に満たない場合は、連合会が実施する事務指定講習の修了が、これと同等以上の経験を有するものと認められています。

２年以上の実務経験がなかった場合、「事務指定講習を受講するだけで本当に開業して大丈夫なのだろうか」と不安になる方も多いと思います。

じつは私も事務指定講習を受講して開業した者の１人です。確かに、事務指定講習を受講しただけでは十分に実務知識を得たとはいいにくいですが、**実務知識は開業してからでも十分に積むことができる**ので、その点は安心してよいでしょう。

☑都道府県の社労士会への入会手続きも必要

また、社労士は登録をした際、**都道府県の社会保険労務士会（社労士会）の会員となる手続き**もすることになっています。入会するのは、**開業する事務所、もしくは勤務先事業所の所在地または居住地の住所の区域に設立されている都道府県の社労士会**となります。

したがって、はじめから自宅とは別に事務所を構える場合で、自宅と事務所の都道府県が異なる場合は、事務所所在地の社労士会に所属することになります。都道府県ごとに社労士会の特徴も異なるため、それらも踏まえて**開業場所は慎重に検討**していきましょう。

自宅開業の場合は、どうしても自宅の住所を表に出すことになります。女性に限らず、最近ではプライバシーを考えると自宅の住所を表に出すことに不安を感じる人も多いと思います。

そのような場合は、お住まいになっている地域にもよると思いますが、**レンタルオフィスなどを事務所として登録し、業務を行うことを検討してみるのも一案**です。場所にもよりますが比較的低価格で借りることができるケースもあるようです。

CHAPTER 2

02 開業する際に必要な準備②

税務署への各種届出は必ず行う

社労士会へ登録すると開業日が決まりますが、まだまだやるべきことがあります。

必ずやらないといけないのが税務署への個人事業の開業届と所得税の青色申告承認申請書の提出です。この手続きは不可欠です。

書き方はそんなに難しくないので簡単にできると思いますが、不安があれば税務署へ行って相談すれば親切に教えてくれるので、必ず提出しましょう。

そのほか、ケースとしては少ないと思いますが、「開業と同時にすぐにスタッフの採用をする」「事業を手伝ってもらう配偶者に給

コラム

開業前の費用は経費になる？

名刺や事務所案内などのパンフレット作成など、開業に向けて必要な準備をすることもあるでしょう。

「開業前に発生した費用は経費にできない」と思いがちですが、開業前の費用でも経費にすることができます。領収書が必要になるので必ず保管しておきましょう。

ただし、**減価償却に該当するような大きな買い物は経費にできません。**経費にできる・できないの判断で迷ったら税務署で確認するのが一番です。

与を支払う」といった場合には、それに対する届出も必要です。

最近は「副業で開業したい」という方も増えていますが、**副業であったとしても「個人事業」として開業する場合は税務署への届出は必要になる**ので注意してください。

開業前にやっておきたい手続き

そのほか、開業前に早めにやっておくほうがよいことも紹介しておきましょう。

①事業用の銀行口座を開設する

プライベートの口座で報酬を受け取っても問題ありませんが、事業が動き出すと、個人の収支と事業の収支の区分けがつかなくなってきます。**区分に関する問題を避ける**ために、事業用の銀行口座をつくっておくことをおすすめします。

②事業用のクレジットカードを１枚持つ

こちらも①の銀行口座と同じで、**プライベート用と事業用を分けて持っておくと混乱することがない**ので便利です。

③会計ソフトを導入する

日々発生する経費を管理するためには会計ソフトの導入は必須です。

最近ではクラウド系の会計ソフトが多数あるので、自分に合いそうなソフトを選んでおき、開業当初から導入するのがよいと思います。はじめから税理士などの専門家に記帳代行を依頼するケースは少ないと思いますし、**経費の仕訳入力を経験することは後々大いに役に立つ**と思います。

④社会保険労務士電子証明書を取得する

近年では、社会保険や雇用保険の電子申請による手続きが普及してきました。あらかじめ電子申請に対応できる準備をしておけば、開業後、事業主から提出代行の依頼をいただいた際もスムーズです。

仮申込から社会保険労務士電子証明書の取得までの流れは図表のとおりですが、実際に取得するまでには1か月から2か月の時間を要するので、いざ必要になってからでは間に合わないケースも出てきます。早めに準備しておくことをおすすめします。

手続きは、全国社会保険労務士会連合会の「会員専用ページ」にある「電子申請情報」から行うことができます。

仮申込から電子証明書の取得までの流れ

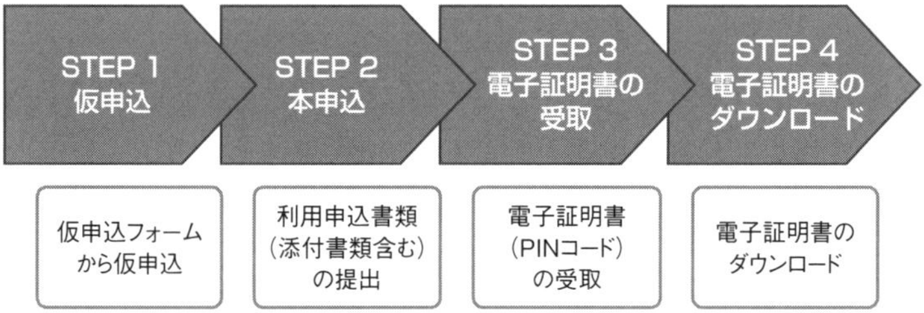

出所：全国社会保険労務士会連合会ホームページ

⑤社会保険労務士賠償責任保険に加入する

私たちの仕事は原則、お客様からの依頼を受けて業務を遂行します。細心の注意を払い、お客様に不利益を与えないように業務を進めますが、**不測の事故により損害を与えてしまうこともあり得ます**。

社会保険労務士賠償責任保険とは、法律上の損害賠償責任を負担したことによって被る損害を補償する保険です。開業時から保険料を負担するのは大変ですが、**加入しておくと安心**です。

⑥ホームページやブログなど情報発信の方法を検討する

開業後の情報発信は重要です。近年では様々な情報発信ツールがありますが、**手を広げ過ぎるとすべてが中途半端な発信になってしまいます**。それぞれのツールにはメリット・デメリットがあるので、その特徴を十分に理解したうえで、自分に合った情報発信の方法を検討しましょう。

WEBを活用した情報発信は手軽に始めることができますが、**何よりも大切なことは「継続すること」**です。無理なく継続できそうな範囲で発信法を選択していきましょう。

⑦メニュー表・価格表などを作成する

開業後、顧客獲得に向けて営業活動をしていくと、問合せ案件が入り、見積りを依頼されることがあります。

「依頼された業務をいくらで提示すればよいのか？」「どんな形で提案すればよいのか？」は、とても迷うことでしょう。仕事を受注したいあまりに「破格の安さで受託したことを後悔した」というケースもあるようです。

いざ、その時になって慌てることがないように、**時間に余裕があるうちに、「どんなサービスメニューで仕事を受託するのか」「価格はいくらで受託するのか」を事前に検討**しておきましょう。

CHAPTER 2

03 社労士に求められるマーケティングマインド

「ブランディング」と「マーケティング」の違いを押さえよう

「ブランディング」と「マーケティング」という言葉を聞いたことがあると思います。一見、両者は似ているように感じるかもしれませんが、以下のようにまったく異なります。

ブランディング	自分の事務所が市場・顧客に提供する価値をつくり上げていく活動
マーケティング	市場・顧客に「自分の事務所の存在」を伝え、広げていく活動

仕事は、この「ブランディング」と「マーケティング」が掛け合わさることで受注できるようになり、あなたの事務所が強くなっていきます。では、質問です。

Q あなたの事務所が市場・顧客に提供しているブランド価値は何ですか？

A ______________________________

____

「これから社労士としてスタートしていく段階で、そんな質問をされても、まだ自分にはブランド価値といえるものは何もない」と思うかもしれませんが、そんなに難しく考えることはありません。

「〜といったら○○さん」と認識してもらうことがブランディングの第一歩です。

私たちの基本的な仕事は、顧客の悩みや疑問に答えていくことです。悩みや疑問を抱えている顧客は当然、「早く解決したい」と思っています。そう考えると、「レスポンスが速い」「説明が誰よりもわかりやすい」といった、基本的なことを意識して実践するだけでも、相手から見れば十分に「ブランド価値」といえるのです。

これまでの経験は「あなただけの財産」

現状では「学校を卒業後、すぐに社労士になる」という方は少なく、何かしらの職業経験を経て社労士を志している方が多いのではないかと思います。そうしたケースの場合、**これまでの職業経験の中で培ってきたキャリアもすべてブランド価値につながっていきます**。

私の場合、学生時代は技術者を目指して勉強していましたが、なぜか新卒で入社した会社で半導体の営業職をすることになり、約5年間の営業経験を積みました。その後、実家の生花店に勤めて3年ほど修業していたのですが、その間にいろいろと思うところがあって社労士を志し、1998年に開業しました。

半導体の営業→生花店での修業→社会保険労務士として開業……、一見すると脈絡のないキャリアですから、開業当初は「自分には誇れるものが何もない」と思っていました。ところが、社労士として様々な企業の支援をするにあたって、「これまでのキャリアがとても役立っている」と感じる場面がたくさんあります。

皆さんが歩んできたキャリアも、きっと役に立つ場面がたくさんあると思いますし、何より**自分が歩んできた道は自分だけの固有の財産です。これこそが最大のブランド価値**でしょう。

勤務社労士にとってもブランディングは必要な視点

ブランディングは開業社労士に限らず、勤務社労士にも必要な視点です。

仕事を発注する側からすれば、「仕事を依頼する価値がある相手」に発注するわけです。自分が望む成果を得られないと感じる相手に仕事を依頼することはありません。

開業社労士であれば、顧客に対して「自分がどんな価値を提供できるのか」を真剣に考えなければならないのは当然ですが、勤務社労士も同様です。

事務所のブランド価値が一層高まることを意識して勤務するのが勤務社労士の務めですし、自分自身の仕事の幅を広げていくことで**「事務所内での自分のブランド価値を高めていくこと」も大切**です。

所内で「□□の業務といえば○○さん」と認識してもらえるようなブランド価値を磨いていきたいものです。もし将来的に開業を検討する際も、それが大きな財産になるでしょう。

CHAPTER 2

04 自分のポジショニングを考える

☑ 場当たり的な活動は3年後に大きな差をつくる

「ポジショニング」とは、マーケティングのプロセスにおいて対象とする顧客層を決めて、その**対象顧客に向けて自分の存在を認識してもらえるように立ち位置を決めること**です。

「一度決めたらその後、変更できない」ということではないので、あまり難しく考えず、現段階で考えつくところで大丈夫です。

とはいえ、まったく考えずに場当たり的な活動をするのと、自ら考えたポジショニングに沿って活動するのとでは、2年後、3年後の成果に大きく差が出てくると思うので、ぜひポジショニングを考えてみてください。

☑ ポジショニングマップで考えるのが一般的

ポジショニングの考え方について、特に決まった方法があるわけではありませんが、**ポジショニングマップ**が一般的によく使われています。

ポジショニングマップは、顧客にとって依頼を決定する重要な要因を

ポジショニングマップの構造

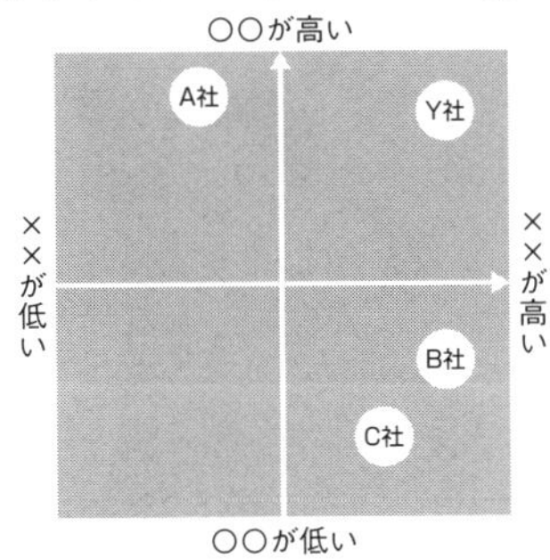

2軸とって、自分の商品・サービスをマッピングします。

ポジショニングマップで迷うのが**「2軸にどんな視点を取ればよいのか」**です。軸の取り方には様々な要素があるので、自由に考えればよいのですが、ここで一例を紹介します。

軸に取り入れる視点の候補

品揃え	総合型 ⇔ 専門特化
価格	低価格 ⇔ 高価格
提供方法	個別サポート ⇔ グループサポート
提供形態	オンライン ⇔ オフライン

上記もヒントにしながら、皆さんなりのポジショニングを柔軟な発想で決めていただければと思います。

コラム

自戒を込めて伝えたい「ポジションを考えること」の大切さ

●開業当時は「助成金申請の専門特化」で悩む日々

私自身の開業当時を振り返ると、**何となく開業**してしまいました。

そうなると、相手は私が何をする人なのか、まったくイメージできません。折角ご縁があった相手とも漠然とした会話で終わってしまい、そこから業務委託へと進展することはありませんでした。

「これではいけない」と思い、まず取り組み始めたのが助成金申請への専門特化でした。

「自分は助成金を強みにする」と方向性を決めれば、それに向けて徹底的に情報収集するため、自然と助成金に詳しくなり、顧客からも明確に「助成金に強い社労士」と認識してもらえるようになったことで依頼案件が入るようになりました。

ところが、実際はじっくり考えて専門性を決めたわけではなかったので、徐々に助成金の申請をこなすだけの仕事に疑問を持ち始めるようになりました。

その頃は**「自分のこれからのあり方」**に相当悩み続け、結論として「創業の時の思いに立ち返ると、これは自分が深めていく分野ではない」と感じ、軌道修正するに至ります。

●現在の専門特化は「人事制度の構築・運用」

その後、「自分のポジションは、経営者の思いを社内で従業員と共有できるように仕組みをつくることだ」と思うようになり、**人事制度の構築と運用**に専門特化し、**活動エリアは「すぐに会いに行ける距離感」**と決め、事務所から1時間以内の地域に限定して活動するようになったのが現在のスタイルの原型となっています。

「ある領域に専門特化すると、それ以外の案件を依頼されなくなるのでは？」と不安に感じる方もいると思いますが、実際にはそんなことはありません。

人事労務の分野は様々なことがつながっているので、「○○分野に強い」と認識されつつ、それ以外の案件も自然と依頼が入ってくるようになります。

これから開業の準備をする皆さんも、たとえ十分な経験や実績がなかったとしても、「自分はこの分野の専門性を高めていく」と思えるポジションを考えていきましょう。

CHAPTER 2

05 商品づくりと値決め

顧客の「ベネフィット」を意識して商品をつくる

ポジショニングが決まったら、それに対応する商品（サービス）をつくっていくことが必要です。

この時、最も大切なことは、**商品が持つ「メリット」よりも顧客の「ベネフィット」について考える**ことです。

ここでいう商品の持つ「メリット」とは商品の明確な特徴や売り、顧客の「ベネフィット」とは、その特徴や売りによって顧客が手に入れることができる理想の未来を指します。

依頼する立場からすれば、確かに商品の特徴や売りがわからなければ選択しづらいですが、別にその商品を買いたいから仕事を依頼するのではありません。何らかの悩みや問題があり、それを解決したい思いが先にあります。

私たちはお客様のその思いに注目し、「自社の商品（サービス）を購入すれば悩みや問題が解決され、理想の未来が手に入る」ということを伝えていかなければ契約につながっていきません。

特に直接プレゼンできる場合は、その場で見込み顧客の悩みを汲み取り、解決に至る提案をすることができれば、契約につながる可能性が高まるので、**意識して顧客の情報収集をしていく**ようにします。

価格は適正な方向に徐々に軌道修正していく

「商品やサービスをいくらで提供すればよいか？」も非常に迷うポイントでしょう。

値決めについては、はじめのうちは、**自分がある程度、納得・許容できる価格で提案していけばよい**と私は思っています。

ベネフィットが高まると、顧客の反応は段々変わってきます。

はじめは「高くはないけど、ものすごく安いわけでもないな」と割安感を持たなかった顧客も、徐々に「この内容で、この料金は安い」といった反応を示すようになります。

その時が値上げのチャンスです。私の場合、そうやって**徐々に価格を改定**していきました。

「開業したてだから」と割に合わない値付けをし、負担だけが大きく感じる価格にすることはおすすめしません。

その一方で、実際に案件を受託し、経験を積むことも大切です。

自分にとって折り合いがつく範囲で値付けをし、1つひとつの案件に真剣に向き合っていく。そうすることで自然と実力が高まり、顧客から見て「十分な付加価値を感じる社労士」と認識されるようになる。そのタイミングで適正と感じる納得の価格に改定する――、これが1つの筋道といえるでしょう。

CHAPTER 2

06 自分を支えてくれる「人脈」をつくる

積極的につくりたい２つの人脈

私たちの仕事は自分１人で解決できることもありますが、自力では解決することが難しい問題もたくさんあります。特に開業直後は、お客様から寄せられる相談に自信を持って回答できることは本当に少ないものです。

そんな時に助かるのが、**自分を支えてくれる「人脈」**で、気軽に相談できる存在には、とても勇気づけられるものです。

「人脈」といっても、その範囲は広いですが、もし積極的につくっていくのであれば、次の２つをおすすめします。

①同業者の人脈

開業前に必ずつくっておくと助かるのは、なんといっても同業者とのつながりです。これについては、**社労士会に登録し、様々な勉強会や会合に出席する中で自然に知り合いが増えていく**わけですが、開業登録前となると、そうした機会には、なかなか恵まれません。

私が開業登録した1998年頃はSNSなどの便利なツールがなかったこともあり、同業者と知り合うのもひと苦労でしたが、現在であれば、**Facebook や X（旧 Twitter）、YouTube などで情報発信している先輩社労士の投稿に「いいね！」を付けたりフォローをする**

ことで簡単につながることができます。

同業者は競合のライバルともいえる存在ですが、実際にはそれほど敵対していることはありません。

他士業の方から「同業者との仲間づくりは難しい」という話を聞くことがありますが、少なくとも私の感覚では、**社労士はとてもフランクでつながりやすい業界**だと感じます。

また、**先輩社労士だけでなく、合格年や登録年が同じの同期の社労士や、自分の年齢よりもはるかに若い社労士と出会えることもSNSの魅力**です。

私もXを頻繁に使うようになってから、様々な同業者の仲間とつながることができました。本書を共著で出版する機会を得たのも、Xで積極的な発信をしていたことがきっかけです。

私自身はベテランと呼ばれる年齢になりましたが、希望に満ちた若い仲間が頑張っている様子に刺激を受けています。また、彼ら彼女らが悩んでいることがあれば、その解決に自分の経験が少しでも役に立てば嬉しいと思い、私も積極的に発信するようにしています。この本を読まれている読者の方も、FacebookやXで私を見かけたら、遠慮せず声をかけてくださると嬉しいです。

ただ、**先輩社労士と人脈をつくる際は、相手を単なる「情報を求めるだけの存在」にしないことを心がけましょう**。

先輩方は、相応の努力と時間を使って実績を重ねています。常に有益な情報を発信し続けているわけではなかったとしても、努力の結晶である知識を惜しみなく伝えてくれるわけですから、ぜひ有益な機会として受け取ってほしいのです。

私自身でいえば**「教わり上手」**を大切にしています。先輩社労士から何かを教えてもらった時、単に「ありがとうございます」で終わらせない、ということです。

「言葉で済まさずにお礼の品を用意せよ」といっているのではありません。教えてもらったことをきっかけに学びを深め、**「自分なりに気づいたこと」を、教えてくれた先輩にフィードバックする習慣を身につける**——、これが「教わり上手」です。

これを繰り返すことで、教えた側は新たな視点を知ることができますし、教えられた側も、仮に理解が浅かった場合は、先輩から深い部分まで丁寧に教えてもらえるチャンスを得ることができます。

「人はこうやってお互いに成長していく」と私は考えています。

この「教わり上手」の習慣は、同業者の人脈づくりだけでなく、多くの場面で非常に役に立ちます。言葉にすることは簡単ですが、いざ実践するとなると意外とできない習慣でもありますから、早い段階から意識して実践していくとよいでしょう。

②隣接する士業の人脈

同業者の人脈と合わせて、あると好ましいのが隣接する士業の方との人脈です。

隣接士業といっても様々な士業がありますが、特に身近でつくりやすいのは**税理士さんとの人脈**でしょう。

皆さんのお住いの地域にも税理士事務所がたくさんあるはずです。インターネットで「地域名＋税理士」で検索すると簡単に見つけることができます。

はじめは勇気がいると思いますが、連絡してみてください。**「同じ地域で開業を考えている社労士です」**と名乗ることで、お会いしてくれる方も少なくないはずです。

うまくタイミングが合えば、開業直後からお仕事を紹介してくれる可能性も十分にあります。また、先方の税理士先生も開業直後だった場合には、その後も「ともに成長していく事務所」として、末永くよい関係を続けられることもあります。

半信半疑かもしれませんが、チャレンジしてみる価値は十分にあるので、連絡してみてはいかがでしょうか。

他にも、弁護士、行政書士、司法書士、中小企業診断士など、取り上げればたくさんの隣接士業があります。

一気に多種多様な士業の方と出会ったり、やりとりするのは難しいことですが、私自身の経験も踏まえていうと、**「隣接士業の方とつながりを持ちたい」という意識を常に持っていると、そうしたチャンスを自然と引き寄せる**のは不思議なことだと感じています。

普段から出会いの“感度”を高くしておきましょう。

CHAPTER 2

07 開業後の葛藤・不安を見越した対処法

バックキャストでビジョンをつくる

開業時から事業がうまく立ち上がることは少ないと思います。軌道に乗るまでは不安と孤独に日々葛藤するかもしれません。

そんな時に心の支えになるのが**明確なビジョン**です。

ビジョンとは、自分のなりたい姿をイメージすること。社労士と一言でいっても様々な活躍の仕方があります。皆さんも様々な思いを持って試験に挑戦したはずです。当時を思い出してみてください。

インターネットで検索すると多様なビジョンの立て方が紹介されていますが、私がおすすめするのは**将来から逆算して計画を立てる「バックキャスト」の思考術も意識し、次の問いを自分に課す方法**です。

①何のために社労士になったのか？
②5年後、10年後、どんな事務所になっていたいのか？
③自分のやりたいことを必要としている人はいるのか？
その人はどんな悩みを持っているのか？

この問いに答えていけば、それなりに明確なビジョンができあがると思います。ぜひチャレンジしてみてください。

コラム

開業時の私を支えたビジョンとキャリア

●明確なビジョンを持たずに開業するとどうなるか

前述のとおり、私は大学を卒業し、大企業に勤めた後、家業を継ぐために花屋で修業生活をした経緯があります。その時、中小企業が大企業にも劣らない就業環境をつくることの難しさを身をもって体験しました。

自分と同じような不安を感じている中小企業の経営者の力になりたい――、そう思って社労士の道を志すことにしたのです。

しかし、いざ開業すると現実は厳しく、お客様に話を聞いてもらうのもひと苦労です。少しでも早く生活を安定させたい思いから、いつしか私は「売上ありきの仕事」を受注するようになっていきました。

でも、それは本当にやりたいことではなかったのです。

「明確なビジョンを持たずに見切り発車したから、こうなったのだ」と反省しきりでしたが、皆さんに同じような経験をしてほしくありません。開業前の時間がある時に、ビジョンについてじっくり考えておきましょう。

●未経験者の開業者にはこたえる定番の質問

開業後によく受ける質問に**「どんなことが得意ですか？」**があります。私の場合、未経験で開業したものですから、この質問が本当につらかったです。

ありきたりに「社会保険や労働保険の手続きができます」ともいえないし、「労務相談が得意です」というほど得意でもない。そこで、あるコンサルタントの先生に悩みを打ち明けたところ、こう質問をされました。

「これまでの自分の人生を振り返った時、一番充実していたと思える経験をしたのは、どんな時ですか？」。私は悩みながら「大学時代に溶接の疲労破壊を研究していた時です」と答えました。もともと私は研究者を目指しており、朝から晩まで研究に没頭する日々を送っていたのです。

次の質問に私は面食らいました。**「没頭してやっていた溶接の疲労破壊の研究と、今の社労士の仕事に共通する観点を5つ挙げてください」**。はじめは頭の中が「？」の状態でしたが、じっくり考えてみると、多くの共通点を見つけることができたのです。驚きとともに感動を覚えました。過去の経験がこんな形でつながるとは想像できなかったからです。

自分にも自信を持って答えられるキャリアがあり、それは他の誰にも語ることができない固有のものであると感じました。

事実、学生時代の研究と社労士業務の共通点の話をすると相手は面白がり、私に関心を示す方が増えたことは間違いありません。

皆さんも、自分にしか語ることができない経験と社労士の仕事とのつながりを考えてみてください。面白い発見があるはずです。自力での発見が難しければ仲間の力を借り、そのフィードバックを受けてみるのも一案です。

CHAPTER 2

08 開業にあたって準備しておきたいもの

最低でも半年分の生活資金は確保しておきたい

本格的に開業を考えた時、まず考えなければならないのは、仕事が軌道に乗るまでの間、生活をどのように成り立たせるのかです。

開業当初は、「仕事は受注できるのか」「受注できたとしても、自分の実力で対応することができるのか」など、**心理的負担は大きくなるので、不安材料は少しでもなくしておきたい**ところです。

真っ先に考えなければならないのが生活資金になります。特に世帯の主たる収入を担っている場合は慎重にならざるを得ません。

生活資金をどの程度、確保すればよいかは個々の生活状況で異なりますが、仕事がある程度、軌道に乗るまでの期間を考えると、**理想は1年間分、最低でも半年分の生活資金を確保したい**ところです。

開業資金と運転資金の備えも必要になる

生活資金のほかに考えておかなければならないのが、開業資金と運転資金です。

開業資金は文字どおり事務所を開設するために必要な費用です。どういう形で開業するかによって必要な資金に幅が生じますが、最低限準備しなければならいもの（50ページ参照）を準備していくと

開業にあたって準備したい主な資金と目安

当面の生活費	理想1年間分、最低でも半年分の生活資金を
開業資金	100万円程度
運転資金	月10万円程度

100万円程度は準備しておきたいところです。

100万円というと高額に感じますが、他の業種と比較すると社労士の開業は非常に低予算でリスクも少なく開業できます。

運転資金は事務所運営を維持するために必要な費用です。主な内容としては、次のような資金を準備する必要があります。

- **事務所家賃**（事務所を借りる場合）
- **リース料**（OA機器をリースで借りる場合）
- **通信費**（スマホ代やネット代など）
- **社労士会費**
- **旅費交通費**
- **消耗品費**

いざ開業すると目に見えなかった費用がかかります。運転資金も個々の程度によって大きく幅が生じますが、**目安として月10万円**くらいは必要になってくると考えておけば安心です。

どうやって資金を準備するか

このように開業となると、それなりの資金を準備する必要があります。生活資金とは別にお金を管理し、**コツコツと貯蓄することで自己資金を増やしていくのが基本**です。

しかし、「今すぐにでも開業したいが、自己資金を準備するのに、かなり時間がかかってしまう」といったケースもあるでしょう。そうした場合に検討するのが**金融機関からの借入**です。

ただし、創業時は信用がないため、仮に銀行の窓口で借入を相談しても、希望どおりの回答を得るのは難しくなります。

この際、頼りになるのが政府系金融機関の**日本政策金融公庫**です。通常の金融機関よりも融資を受けやすいのが特徴で、創業者向けには**新創業融資制度**という融資枠があります。創業計画書の作成が必要になりますが、原則、無担保・無保証で融資を受けられるので、事業資金を急いで確保したい場合は検討してみるとよいでしょう。なお、創業計画書の作成法がわからない場合も、融資の窓口へ相談すれば指導してくれます。

新創業融資制度の主な概要

利用できる人	新たに営もうとする事業について、適正な事業計画を策定しており、当該計画を遂行する能力が十分あると認められる人
資金使途	新たに事業を始めるため、または事業開始後に必要とする設備資金および運転資金
融資限度額	7,200万円（うち運転資金4,800万円）
返済期間	設備資金：20年以内（うち据置期間２年以内） 運転資金：７年以内（うち据置期間２年以内）

※据置期間とは元金から発生する利息だけを返済する期間のこと／利率は資金使途や返済期間、担保の有無などによって異なる利率が適用される

コラム

副業による開業でリスクを低減させる方法も

その他の選択として最近増えているのが副業という形での開業です。社会環境の変化に伴い、副業もしやすくなっているため、検討に値します。

副業は勤め先の理解が必要となるため、誰もが選択できる方法ではありませんが、仕事が軌道に乗るまでのリスクを低減させる意味ではメリットがあります。とはいえ、社労士業務に充てることができる時間には制約があり、いつでも自由に仕事をするわけにはいかない点に注意が必要です。

立ち上げ前に準備しておきたいもの

資金以外にも開業では必要なものが多く、あらゆるアイテム等を一度に揃えるのは大変ですが、次のようなものは立ち上げ前に準備しておくとよいでしょう。

①名刺、開業挨拶状

開業時に必要になるものに名刺と開業挨拶状があります。

昨今では、これらを手軽に**自宅のプリンターで印刷し、開業コストを抑える**方もいます。とはいえ、**専門業者で作成したものは仕上がりが美しいため、検討の余地は十分にある**でしょう。

②表札

仮に自宅で開業するとしても、今後は郵便物等が事務所名で届く機会が増えます。また、顧客の訪問を受けることもあるので、**事務所の場所を示す表札は必要**です。こだわりだすといくらでも高価な表札がありますが、**場所さえ確認できれば十分**ともいえます。

③事務備品

最低限、**パソコン、プリンター、机、キャビネット**は揃えておく必要があるでしょう。

このうち**パソコン**は、開業資金に限りがあると安い機種を選びたくなりますが、私の経験からいって、**それなりに性能がよい機種を用意するのが無難**です。低価格の機種は、複数のソフトを作動させると極端に作業効率が悪くなることがあり、場合によってはすぐ買い替えが必要になることもあります。

そのほか、余裕があれば**仕事専用のスマートフォン**を持つのもおすすめですが、仕事が受注できるようになってからでも十分です。

④ホームページ

インターネットで検索して情報収集するのが当たり前になった現在、**新規顧客を獲得するための営業ツールであるホームページは開設しておいたほうがよい**でしょう。

ホームページも、前述した名刺等と同じく、自作する方法と専門業者に発注する方法がありますが、クオリティが高いサイトを自作できるケースを除き、**専門業者にお願いすることをおすすめします**。

コラム

専門業者にHP作成を依頼する時のポイント

私も過去には自作に挑戦したことがありますが、どうしても素人感が抜けないホームページだったので、専門業者を頼ることにしました。多少費用はかかってしまいますが、見栄えが違います。

専門業者に関して補足すると、「更新作業を自分でできるようにつくってもらえるかどうか」は大切なポイントになります。ホームページは開設すればそれっきりということはなく、中身の定期的な更新が必要です。その度に業者に依頼しなければ更新できない構造だと出費が伴いますし、コストを気にして更新頻度も少なくなります。

特に開業時は何かと出費が多いですから、専門業者に依頼する際は、基本のフレームはつくってもらい、更新は自分で行うパターンがベターです。

CHAPTER 2

09 損益分岐点を超えるまでの大変な時期の乗り越え方

「自分の損益分岐点」を押さえよう

損益分岐点とは、**赤字が黒字に転換するポイント**のことで、経営の損失は出ていないが、利益も出ていない状況のことを指します。

損益分岐点とは

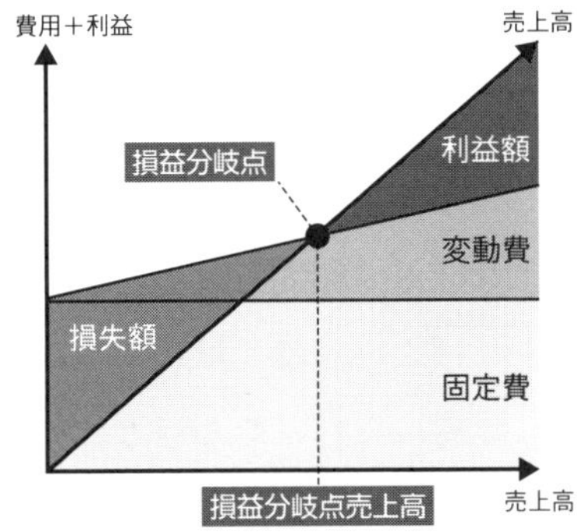

製造業や飲食業など多くの事業では、毎月発生する人件費や事務所家賃などの固定費のほかに、その商品をつくるための仕入や外注などの変動費が発生するので、損益分岐点を超えるまでが大変です。

しかし、私たちの仕事には変動費部分がありません。**売上が固定費部分を超えることができれば自然と黒字になるビジネスモデル**なのです。そう考えると、とても恵まれたビジネスといえます。

まずは前節でお伝えした**「運転資金として毎月どれだけの固定費がかかっているのか」を知ることが大切**です。目先の目標としては、この固定費を超える売上を確保することが目標になるからです。

「必要な投資」と「不要な投資」の見極めを

では、その売上を確保するためには、どうすればよいのでしょう。事業を伸ばしていこうとするなら、先行して投資が必要になります。**私たちの投資先は“知識（情報）”**になります。

現代はVUCA（Volatility：変動性、Uncertainty：不確実性、Complexity：複雑性、Ambiguity：曖昧性の単語の頭文字を取った造語）の時代といわれるように、外部環境が目まぐるしく変化します。変化に対応していくには知識のアップデートが常に求められるため、学び続けることが必要です。

とはいえ、時間もお金も限りがありますから、手当たり次第に投資すればよいわけではなく、取捨選択が求められます。例えば、情報に敏感になればなるほど、様々な機関等から届く研修案内に引き寄せられますが、そこは冷静になって**「今、本当にそれは必要なのか？」**と問いかけてください。

必要・不要のジャッジの仕方は人それぞれですが、「情報に振り回されて様々な研修に参加してみたものの、すべて中途半端な学びになり、身についていない」ということにならないようにしたいものです。投資対象は取捨選択のうえ、適切に決定していきましょう。

インプットしたら必ずアウトプットを！

必要な投資先を定め、自分に決定的に足りていないところを研修会の参加等で知識を補ったら、**必ずアウトプットをします**。

私もこれまで相当多くの研修会に参加してきましたが、**「インプ**

ットで満足してしまう人」が圧倒的に多いと感じています。

複数回参加する連続ものの研修会に参加する際、私は参加者と積極的にコミュニケーションを取るようにしています。皆さんが学んだ知識をどのように活用しているのか知りたいからですが、具体的な行動に展開している人は、極端に少ないのが現実。「アウトプットはまだまだ。これからです」「アウトプットが大事だとわかってはいるんだけどね」という方ばかりです。

それでは、**時間とお金をかけて学んだ知識もすぐに錆びてしまい、使いものにならなくなる**でしょう。そうならないためには、やはりアウトプットするよりほかありません。

実際にアウトプットしてみると、理解が十分にできていること、できていないことが明確に見えてきます。

理解不足と感じた部分は自身で調べて補っていくことで、はじめは誰かに教えられた知識が、やがて自分固有の知識に深まっていきます。そうなるように意識的にアウトプットをしていきましょう。

アウトプットを強制的にする一番の方法は**「誰かと約束すること」**です。参加する研修会が決まったら、研修内容をアウトプットする相手と場所を先に決めてしまうのです。

そうすれば否応なしに前のめりでインプットしようとしますし、アウトプットもするしかなくなります。

少し自分を追い込むような形になりますが、アウトプットする習慣は、なかなか身につかないものです。はじめはつらく感じるでしょうが、見込み顧客に対してアウトプットできるようになっていけば、売上も自然と伸びていくことでしょう。

CHAPTER 2

10 開業直後の顧客開拓のポイント

個別相談につながるルートをつくる

「何かしらの基盤や見込み先があり、顧問先を抱えて開業する」といった恵まれた環境でスタートできるのは少数派です。多くの方は、開業と同時に顧客開拓に取り組むことになります。

顧問先を獲得するきっかけになるのは「個別相談に対応すること」でしょう。**最初の面談は無料でも構わないので、まずは相談者から直接、相談してもらう機会を得ることが大切**になります。

個別相談につながるルートを大きく分けると、「自力で獲得する」か「紹介で獲得する」かのどちらかになります。それぞれについて、もう少し詳しく見ていきましょう。

自力で獲得する方法

ここでは、代表的な方法を3つ紹介します。

①WEBを活用する

これから開業するとなるとWEBを使った情報発信は避けられない時代となっているため、**事務所の特徴をイメージできるホームページの開設がとても大切**です。

ホームページに掲載する内容としては、「事務所案内」「対応できる業務内容」等の基本情報はもちろんですが、意外と読まれているのが企業理念です。具体的には、**「あなたがどんな想いで社労士を志すことになったのか」「社労士の業務を通じて、どのように顧客に貢献したいと思っているのか」**になり、相手の関心が非常に高い部分になっています。私たちの仕事は人に仕事がつく（この人に頼みたいと思うか否か）側面が強いので、当然なのかもしれません。

私の事務所のサイトでは、社労士を志すまでの経緯や自分の培ってきたキャリア、どんな想いで活動しているかを、かなり赤裸々に掲載しているため、初めてお会いする経営者から、その内容に即した話題を振っていただくこともかなりあります。

社労士は、相手の悩みや疑問に寄り添いサポートしていく仕事なので、時には相手が隠しておきたい恥部もお話ししていただかなくてはならない場面もあります。相手からすれば、**「本当に信頼を置いてよい相手なのかどうか」が気になる**のは無理もありません。

また、「どのWEB媒体を活用していくのか」も検討します。

ブログ、メルマガ、Facebook、X（旧Twitter）、YouTube、インスタグラムなど、オンライン上で活用できるサービスは多数あるので、どんな事業領域で活動していきたいのかを踏まえたうえで、事務所に適したツールを選び、発信していくことになります。

「どのツールが自分に適しているのかがわからない」「普段、自分が活用できていないツールが気になる」という側面もあると思いますが、はじめからあまり手を広げ過ぎないようにするのが賢明です。

WEBマーケティングで重要なのは**情報の質よりも頻度**だからで

す。もちろん専門職である以上、間違った情報を発信するわけにはいきませんが、情報の質にこだわるあまり、発信の頻度が「1か月に1回」「数か月に3回」ではWEB上で見つけてもらえません。

したがって、情報の質にある程度、気を遣いつつも、「大切なのは情報の発信頻度」と心得てください。

「どれくらいの発信をすればよいの？」と思ったかもしれませんが、**「多ければ多いほどよい」**が真実です。

どれだけ思いを込めて1本の記事を書き上げたとしても、こちらが思うほど相手は真剣に読んではくれません。しかし、数多く発信していると、ふと何かの拍子に目に留まることがあります。その時こそが「相手に行動を起こしてもらえるチャンス」と心得て、数多く発信することにこだわって取り組んでいきましょう。

そう考えると、活用ツールを広げ過ぎないこともポイントとなり、どの媒体にするかも、使い勝手等を考慮するためケースバイケースとなります。

ただし、**どの媒体にしたとしても、必ず「事務所のホームページにたどり着く導線」を意識してつくっておく**ようにしましょう。

例えば、Facebookに何か投稿し、その投稿に共感してくれた相手がいたとしても、その方がわざわざネットで自分のサイトを検索・訪問してくれることはまれです。よほど関心が高くない限り、そこまで手間暇をかけてくれません。せいぜい「いいね！」ボタンを押してくださる程度です。

興味を持ってくれた方が、たやすく自分のサイトに訪れることができる導線をつくっておくことを忘れないようにしましょう。

②セミナーを開催する

今も昔も顧客獲得に有効なのはセミナー開催です。

通常、セミナーは90分〜120分で開催するケースが多いですが、これだけの時間をかけて**自分が伝えたいことをじっくりと聴いてもらえる機会はほかにない**と思います。相手の共感を得ることができれば個別相談につながりやすいですし、その後、顧問契約まで一気に進むことも十分にあり得ることです。

とはいえ、開業直後のセミナー開催はハードルが高いのも事実で、「集客」と「テーマ選び」を心配する方が多いことでしょう。この点についてアドバイスしていきたいと思います。

●集客への対処法

確かにコロナ以前のセミナーは、会場を借りてリアル開催するものがほとんどでしたから、集客が成功しなかった場合、広い会場にポツンと参加者がいるような、マンツーマンに近い状態になる可能性もありました。「せめて10名は集客したいけど、達成するだろうか……」などと考えるとハードルが高くなっていたのです。

しかし、コロナ禍以降は**オンラインセミナーが浸透**したことで、わざわざ会場に出向かなくてもセミナーを受講することができるようになるなど、**集客の障壁は大きく緩和**されました。

その一方で、セミナーの内容が相手の期待に沿わなかった場合などは、簡単に退席されてしまうという新たな課題も出てきましたが、それでもセミナー開催のハードルが一気に下がったのは大きなメリットです。

また、参加者が少なかった場合、リアル開催だと、講師も受講者も会場でお互い気まずい思いをしますが、オンラインの場合、マンツーマンの状況になったとしても、意外とストレスなく参加いただけたりするものです。

恥ずかしながら、私の事務所でも思うように集客ができず、参加者がお１人だけというケースもあるのですが、少人数のよさを逆手にとって丁寧なコミュニケーションを図って進めていくと、**通常の一方向の発信を中心としたセミナーよりも高い満足度を得られることがあります**。「集客できなかったらどうしよう」というプレッシャーを乗り越え、勇気を出して開催すれば、「意外とできるものだな」と実感できると思います。

ちなみに「ここだけの話」になりますが、万が一、参加申込みがゼロだったとしても、気にする必要はありません。ホームページでは**「満員御礼」**としておけばよいのです。

●テーマ選びへの対処法

セミナーの企画立案に慣れるまでは悩むことも多いでしょう。自分の得意分野ができればセミナーのネタを考えることもラクになってくるので、それまでは情報収集あるのみです。**業界紙や新聞や雑誌、業界の方々が発している情報を元にネタを見つけていきます。**

実際のところ、その気になればネタは意外とあるもので、法改正情報や助成金活用、統計データの社会動向の解説など、どんなことでも構わないので、まずは自分で企画してみることが大切です。そうすることでセミナー開催のコツが身につきます。

私の場合は、上記以外にも、社労士向けに開催されているセミナーに参加し、そのテーマを一般企業向けにカスタマイズして開催することをよくやっていました。そうすることで基本的な知識は学びつつ、レジュメづくりの参考にもなっていたことを思い出します。

もちろん、レジュメ作成では**著作権に留意することが前提**です。著作物を無断使用し著作権侵害とみなされた場合、民事上の損害賠償請求や刑事上の罰則を受けることになるので注意してください。

③見込み顧客が集まる場所に出かけていく

皆さんは、自分が対象としたい見込み顧客がどこに集まるってくるか理解しているでしょうか？　そこがわからない場合、自力で顧客を見つけていくスピードもスローになります。開業後できるだけ早く自分が対象としたい顧客の方と出会いたいのであれば、**その顧客が集まる場所に積極的に出かけていくのが一番の方法**です。

私の場合は「中小企業の組織づくりを支援する」と決めていたので、中小企業の経営者が集まりそうな場所を探して出かけました。

ただし、こういう場所に出かけていく場合の注意点として、**はじめからガツガツと契約につなげようとしない**ことです

こういう場所は参加者同士の交流を大切にしていますから、そこへ営業モードでズカズカ入っていくと浮いた存在になります。はじめはリアルな声を聞かせてもらうつもりで参加するくらいがちょうどよいと思います。そのように配慮しながら参加しているうちに、徐々に相談を受け、仕事にもつながるようになっていきます。

このような場所には**継続して参加することも大切**です。

私が参加している団体で、新規加入してくる同業者を見かけますが、仕事につながらないとわかると辞めていく方が少なくありません。

確かに、参加には時間と費用がかかるので、欠席や退会したくなる気持ちもわかりますが、**結果が出るまでは焦らずじっくり参加する**ようにしていきましょう。

紹介で獲得する方法

紹介は、同業者と競合することも少なく、紹介先のニーズに応えることができれば、比較的受注につながりやすいのも特徴です。

紹介のルートは、大まかに分類すると「士業間での紹介」と「顧客からの紹介」の２つがあります。

●士業間での紹介

中小企業を対象とした場合、比較的紹介が見込みやすいのは**税理士さんからの紹介**のように思います。

多くの企業では税務面で顧問税理士が関与しているケースが多いため、顧問先で様々な経営相談が持ちかけられる中で、人事労務の相談があった際に紹介をしてもらえるケースがあります。

いざという時に紹介をしてもらえるような**関係づくりを常日頃からしておき、自分がどんな領域の仕事を広げていきたいと思っているのかを知ってもらうことも大切**です。

また、意外とあるのが**同業者からの紹介**です。同じ社労士といえども、それぞれ専門分野や強みがあるものですが、顧客はそうした背景を知らないこともあるため、多種多様な相談を持ちかけてきます。そんな時に頼りになるのが、その分野を専門としている仲間の存在です。

「同業者はライバルだから、自分ですべての案件に対応する」という考え方もありますが、内容が複雑な案件は自力で対応できないこともあります。同業者の人脈をつくっておくのはよいことです。お互いに何の分野を専門にしているか認識し合うことで、双方にとって「満足のいく仕事」につながることもあります。

●顧客からの紹介

そのほか「顧客」からの紹介も心強いものです。

顧客は、自分の事務所の商品・サービスを「お金を出して活用している相手」ですから、その商品・サービスに信頼を置いてくれていることはもちろん、受注に至る確度が高い方を紹介してくださるケースも多いため、**強力な紹介**といえます。

私の経験においても、顧客からの紹介案件は100％といっていいほど受注につながっています。紹介先の方からしても、リアルに利用している方からの紹介ほど安心できることはないのでしょう。

ただし、顧客からの紹介は頻繁にあるものでもありません。偶然そのような話題になった時に、「それなら、うちの先生を紹介するよ」といった流れで紹介するに至るようです。

それでも私たちの立場からすると、「紹介はどんどんしてほしい」ですよね。そのためのとっておきの意外な方法があります。それは**定期的に紹介をお願いすること**です。

ある程度、仕事が軌道に乗ってくればくるほど、顧客は私たちのことを「忙しくしているから紹介なんて必要ないだろう」と思っています。

そこで**定期的に、「お知り合いでお困りの方がいらっしゃれば紹介してください」とお願いしてみるのも有効**なのです。「それなら！」と紹介につながることもあります。

いずれにしても紹介は積極的にあてにすることは難しいですが、実際に紹介にこぎつけた時の効果は絶大です。自然に来るのを待つだけでなく、意図的に促進していきたいですね。

コラム

社労士会の委託事業や官公庁等のバイトをする方法

開業後、事業が安定するまでのつなぎとして、社労士会の委託事業や官公庁でのアルバイトを行うのも一案です。仕事が軌道に乗るまでは経済的にはかなり厳しい状況が続きますから、これらの収入源はとても助かります。

主なものとして次のような方法があります。

●委託事業

行政官庁から社労士会に依頼があって、開業社労士が対応するものに委託事業があります。内容は様々で、行政機関の窓口での相談業務や地域企業への訪問指導などがあるようです。時期や期間も様々ですので、所属している社労士会に相談してみると詳しい情報がもらえると思います。興味があれば問い合わせしてみてください。

●官公庁でのアルバイト

官公庁でのアルバイトは、官公庁が出している求人に直接応募する方法です。労働局やハローワークの相談対応業務などで求人が出ていることがあります。時期的には年度が切り替わる直前の２月頃に求人が出やすくなるようです。ただし、月にある程度の日数、勤務できることが条件になるケースが多いので、顧客獲得に時間を使っていきたいと思っている場合は不向きかもしれません。

●資格学校の講師

受験時代の知識を活かすとすれば、資格学校の講師に応募するのも検討に値します。こちらも常に募集があるわけではありませんが、講師の仕事に関心があれば調べてみるのもよいでしょう。

じつは私も開業後すぐにご縁があり、８年間、資格学校で講師をしていました。講義の準備は受験時代よりも大変で、かなりの労力を必要としましたが、最大の収穫は「人前で話すことの訓練になったこと」です。頭ではわかっていることも、他人に教えるとなると求められるスキルがまったく違います。振り返ると、この経験は大いに役立っています。

CHAPTER 3

未経験から実務能力をどう磨いていくか

出口　裕美

CHAPTER 3

01 知識やスキルが身につく場はどこか

なりたい社会保険労務士像に近づくために必要な能力

「社会保険労務士の世界を知りたい」と思ってくださり、ありがとうございます。

ところで、皆さんが社会保険労務士に興味を持ったきっかけは何だったでしょうか？　企業の人事担当者として働く中で「社会保険労務士」という存在を知った方もいるでしょうし、「先輩が資格取得をしたから」という方、「親が社会保険労務士で自分は二代目」という方もいるかもしれません。

仮に社会保険労務士や社会保険労務士法人と接点があるとしても、社会保険労務士の業務範囲は広く、専門としている業務もばらつきがあるため、個々の知識やスキルは異なります。全国には様々な専門分野で活躍している社会保険労務士がたくさんいます。

あなたは、どのような社会保険労務士になりたいでしょうか？
そのために、どんな知識やスキルが必要になりそうでしょうか？

すでにやりたい業務が決まっている場合は、それに関連する**セミナー**に参加することをおすすめします。

「資格取得の検討段階なので、社会保険労務士の仕事自体がよくわからない」という場合は、**インターンシップ**に応募して職業体験することも一案です。「開業したてなので、現在の課題は事務所の経営」であれば**メンター制度**も検討に値します。

知識やスキルが身につく主な場の特徴を説明していきましょう。

☑セミナー（実務講座、開業セミナー、定期勉強会など）

都道府県ごとにある社会保険労務士会では、様々なテーマの**研修会**を定期的に開催しています（例：新規登録入会研修会）。

そのほかにも、社会保険労務士の資格取得を目指す方が通う専門学校などでも、**実務講座**や**定期勉強会**を開催しています。

これら研修会等に参加すると、講師の豊富な経験を学べるのはもちろんのこと、参加した仲間と情報交換をする貴重な機会も得られるため、おすすめです。

また、同じ大学の卒業生が集まった社会保険労務士の組織（**学員会**や**校友会**など）も複数の大学で創設されており、こうした集まりも学びの場となるケースが多いです。出身大学にそうした組織があれば、参加されてみてはいかがでしょうか。

社会保険労務士は、新人・ベテランを問わず常に勉強している方ばかりです。いろいろな研修会や勉強会に参加すると、本来であれば接点を持つことができないような全国の社会保険労務士の方にお会いすることができます。こうした方々と何度もお会いするうちに親しくなり、それがきっかけで定期的な**情報交換会を行う団体**ができることも少なくありません。

ちなみに、私が日頃、スキルを磨くために行っている内容を参考までに紹介すると以下のようになります。

セミナー	毎月10テーマ以上受講
同業者との情報交換会	定期的に6団体に参加
セミナー講師および執筆	それぞれ毎月2テーマ以上担当

社会保険労務士登録をして20年超になりますが、このようなスタイルで**常に勉強と実践を継続**させています。

セミナーはコロナ禍以降、オンラインセミナーが普及し、いつでもどこでも受講ができるようになったため、受講数が増えました。

同じ大学の卒業生が集まった社会保険労務士の組織（学員会や校友会など）の勉強会等もオンラインでの出席が増えています。

以前に比べてオンラインセミナーなどが無料で受講できるケースは増えており、勉強する機会は無限になっていると感じます。定期的な情報交換会も原則オンラインミーティングとなり、全国の仲間と頻繁にコミュニケーションを図れることも、知識の蓄積に役立っています。

☑ 支部活動

社会保険労務士会では「全国社会保険労務士会連合会」のほか、エリアによっては「支部活動」を行っているケースもあります。私が所属する東京の場合、①**東京会**、②**統括支部**、③**支部**の活動がそれぞれにあります。

業界では、「開業したら所属する支部の支部長に挨拶に行ったほうがいい」といわれているのですが、挨拶することで支部活動に参加する機会が増え、さらに支部活動を通じて仲間ができたり業務を一緒にやる機会もあり、様々な経験をすることができます。

社会保険労務士に登録申請した当初は、それほど面識のない相手に実務上の不明点を尋ねることにためらいますが、支部活動を通じて何度も会って話をする相手であれば、相談がしやすいでしょう。

仕事の相談や紹介だけを目的に支部活動をすることはおすすめしませんが、支部活動を通じて、仕事の幅を広げたり、業務を拡大して、活躍する場や仲間を増やしている人は少なくありません。

インターンシップ

インターンシップとは、**社会に出る前に職業体験ができる制度**で、主に学生を対象としたものが多いです。

昨今では採用活動前にインターンシップを実施する企業が多くなっており、社会保険労務士法人でも行っているケースがあります。私の事務所でも2009～2023年までに合計24名のインターン生を受け入れました。

当所のインターンシップの応募要項

実施テーマ	社会保険労務士の業務を通じて「働くということ」を考える
実習予定内容	・社会保険労務士の同行同席 ・希望する社会保険労務士業務体験 ・資料作成・プレゼンテーション
実施期間	10日間以内
手当	・インターンシップに必要な交通費支給　あり ・自宅から事務所までの交通費支給　あり（ただし、上限あり）
参加にあたっての注意事項	・初日に社会保険労務士事務所で働くにあたっての心構えや知識を学ぶ ・参加者それぞれの参加目的を確認し、チャレンジ精神を持って参加 ・実習期間は、原則スーツ着用（またはジャケット着用） ・守秘義務厳守。初日に守秘義務等に関する誓約書を提出 ・法律知識は特段問わない（事前に社会保険労務士や社会保険制度を調べたうえで応募することで実習の理解が深まります）

本来、インターンシップは「学生が在学中に自らの専攻、将来のキャリアに関連した就業体験を行うこと」と定義されており、企業はそこで取得した学生情報を広報活動や採用選考活動に使用してはならないとされてきました。

これについて2022年６月に一部改正があり、現在は「一定の要件を満たしたインターンシップについて、取得した学生情報を広報活動や採用選考活動等に活用することが可能」となっています（文部科学省、厚生労働省、経済産業省「インターンシップを始めとする学生のキャリア形成支援に係る取組の推進に当たっての基本的考え方」より）。

メンター制度

メンター制度とは、**豊富な知識と職業経験を有した先輩社会保険労務士（メンター）が、後輩社会保険労務士（メンティ）に対して行う個別支援活動**です。

具体的には、定期的にメンターとメンティとが面談を重ね、信頼関係を育む中で、メンターはメンティの抱える仕事上の課題や悩みなどに耳を傾け、相談に乗ります。そして、メンティ自らがその解決に向けて意思決定し、行動できるよう支援します。

私が所属する東京都社会保険労務士会は各支部にメンター制度の設置・運営を求めており、これに応じメンター制度を実施している支部もあります。

私の事務所では2021年から２名のメンティを受け入れており、開業してからの経営相談に乗りました。

例えば、ホームページのつくり方、社会保険労務士法人の特色づくり、社会保険労務士業務のデジタル化、事務所の運営、顧問報酬の値上げなど、経営する中で悩むことは日々あるので、メンターの経験を参考に乗り越えてもらえたのではないかと思います。

当所のメンター制度の概要

実施テーマ	当所の社会保険労務士（メンター）と、開業している社会保険労務士（メンティ）が、メンティの知識経験の向上を図るもの
実習予定内容	• 原則として１か月に１回のミーティング（１時間の面談）を行うことでメンティの事務所運営に関する悩みの解消をすること • 原則として手続きや労務相談などの実務に関する質問を除く
実施期間	10日間以内
報酬	報酬規程に基づく
参加にあたっての注意事項	• メンティは開業登録３年以内の社会保険労務士 • 原則として毎月の面談日以外には相談対応を行わない • 守秘義務厳守。初日に守秘義務等に関する誓約書を提出

CHAPTER 3

02 ノウハウが身につきやすい事務所勤務

実務の習得は事務所勤務で経験するのがおすすめ

実務能力は、前述の研修会や勉強会等でも、ある程度は身につけられます。ただ個人的には、可能であれば**開業する前に、どこかの事務所に勤務するのがおすすめ**です。

社会保険労務士試験に合格し、社会保険労務士として登録するためには要件があり、①２年以上の実務経験（試験前後不問）、②事務指定講習の修了のどちらかを満たさなければなりません。

このうち、②事務指定講習の修了は、開業に必要な最低限の資格を得て登録をした状態であり、「開業に必要なノウハウや実務をひと通り身につけています」とはいいづらいものがあります。

勤務経験ができる機会があるのであれば、労働条件が希望どおりではないとしても、限られた期間しか働けないとしても、それは**貴重な経験ができる学びの場になる**と私は思います。

書籍やセミナー、研修会等で学べることには限界があります。**重要なノウハウは、実践して身につけるのが一番**です。

コラム

私が開業前の事務所勤務から得たもの

●惜しげもなく知識を教示してくれた心強い先輩方

私は2つの社会保険労務士事務所に勤務した経験があります。前々職と前職の先輩方とは今も仲良くしており、お知恵を拝借することもあれば、私の得意分野で情報共有することも、仕事を紹介し合うこともあります。

役所に問い合わせてもインターネット等で調べてもわからないことを、電話一本で教えてくださる関係があるのは心強いものです。それらは先輩方が時間をかけて積み上げた経験に基づく貴重な答えであり、惜しげもなく教えてくださるのは、事務所勤務時代に信頼関係を築くことができたからだと思います。

2つ目の事務所に勤務していた時は、開業を少し意識していたので、**「もし自分が事務所の経営者だったら」**という視点で仕事に取り組みました。「今、担当している業務の売上がいくらで、自分が使っている経費はいくらで、これから開業するとしたらいくら必要か。営業はどうするか。見積りはどうするか」など、本当にいろいろと頭の中でシミュレーションをしていたものです（ただ、**開業しないとわからないことは多々あるので、勤務経験が何年あっても全スキルを得られることはない**と思います）。

●事務所勤務から独立開業する時の注意点

一方で私は、開業予定のある社会保険労務士を採用した経験もあります。Xさんは「〇年以内に開業する予定だが、実務経験をさせてほしい」と希望を正直に伝えてくれたので、それも理解のうえで採用しました。今もXさんは事務所の一員として活躍していますが、何事にも代えられない経験になっていると思いますし、事務所としても採用してよかったと思っています。

採用する立場になった今、皆さんにお伝えしたいことがあります。

まず、当たり前かもしれませんが、「実務経験をさせてほしい」と懇願されたとしても、その事務所が採用する条件と一致しない場合、不採用となることがあります。私の事務所の場合、適性検査なども考慮しています。

そのほか、業界内の噂でときどき耳にするのは、「退職予定の社会保険労務士が顧問契約先に開業案内をする」「顧問契約先の情報を漏洩する」「職員の引き抜き行為をする」など、**信用を失う行為**をする人も一部にいることです。経営者としては見過ごせない行為といえ、**これらは厳に慎んでください。**

なお、情報漏洩については、顧問契約先から事務所代表の社会保険労務士に報告が入ることが多く、退職者は気づかれないと思っていたとしても気づかれており、退職後の信頼関係に大きく影響します。

顧問契約先から、「〇〇さん、開業するんだね。『自分と契約したら今の契約の8割の金額で結構です』といってきたよ」といった報告が入るものなのです。

社会保険労務士に信頼・信用は欠かせません。例えば、仮に退職する事務所の顧問契約先に開業案内をしたいと思った時は、まず代表の社会保険労務士に事前に相談し、了承を得た場合に限って行うことをおすすめします。かげでこっそり行うのは、信用を失う行為ですのでご注意ください。

CHAPTER 3

03 業務分野別に見る実務の学び方と情報収集

ここからは、業務分野別のスキルアップ術を解説していきます。社会保険労務士は主に企業における人事・労務管理をサポートする専門職ですが、**「どの分野の仕事を中心に活動していけばよいか」「自分の強みを何にすればよいか」**を考える時の参考にしてください。

「手続業務」に強い社労士を目指す場合

手続業務では、主に以下のような手続きを行うことになります。

- 社会保険（健康保険／厚生年金）・労働保険（雇用保険／労災保険）の手続き
- 労働保険の年度更新・社会保険の算定基礎の手続き
- 各種給付金・助成金の申請
- 労働基準監督署（是正勧告）、年金事務所（総合調査）、公共職業安定所等への対応
- 労働者派遣事業申請・職業紹介事業申請
- 老齢年金・障害年金等の裁定請求

基本的な手続業務であれば、社会保険労務士の実務修習教本として知られる『社会保険・労働保険　手続便覧』（編集・発行：社労広報センター／発売：創新社）を読んだり、日本年金機構といった手続きに関係する役所のホームページ上にある、主な届書様式の記入例・詳細説明等を確認したりすることで手続方法を把握すること

ができます。ホームページ等に記載されていない内容であれば専門書等で調べたり、役所に電話等で確認したりすることも可能です。

労働保険の年度更新・社会保険の算定基礎のように定期的にある手続業務であれば、時期になると役所から申請書やマニュアル等が郵送されてくるので、それを参考に申請することが可能です。

●「低頻度の業務」の手続漏れに要注意

注意しないといけないのは、要件に該当する時だけ申請する「各種給付金・助成金の申請」などの低頻度の業務です。

ある程度の実務経験者であれば当たり前のように行う業務ですが、**役所から申請等を促されるわけでもないので、気づかなければ手続漏れとなります**。

仮に顧問先が給付金や助成金の要件に該当し、社会保険労務士が申請しなければいけなかったのに失念して給付金等が受給できなかった場合、顧問先から損害賠償を請求される可能性は十分あります。

私の経験では、前任の顧問の社会保険労務士から業務を引き継いだ際に、育児休業給付金の申請が不足していた事例がありました。前任の社会保険労務士は「出産の報告は受けたから、出産に関する申請はしたが、育児休業に関する手続きの依頼は受けていないから申請しなかった」という主張をされていました。

一方、その企業は、「顧問の社会保険労務士に出産の報告をしていて、その後、休業しているタイムカードも見ているのに、育児休業に関する給付金の申請の案内もなく、申請の手続きもせず、申請期限が過ぎてしまったのは損害だ」ということで、前任の顧問の社会保険労務士に損害賠償請求をするに至りました。

ほかにも、助成金の依頼を受けていたのに申請期限までに手続きができなかったことで、損害賠償請求の裁判を起こされた社会保険労務士もいます。

もし助成金等の申請に自信がないのであれば、他の助成金に詳しい社会保険労務士を紹介し、自分が責任を持ってできる業務だけを契約すればいいと思います。顧問として企業と契約をした以上、業務を全うしなければいけないことはいうまでもありません。

長期間築いてきた信用も失うのは一瞬ですので、ご注意いただければと思います。

●調査対応は信頼関係を築く場でもある

「労働基準監督署（是正勧告）、年金事務所（総合調査）、公共職業安定所等への対応」であれば、是正勧告などに基づき、是正した報告をする必要がありますが、書籍で調べたり、時には役所に確認したりすることで報告書は作成できます。

このケースで注意したいのは、顧問先の企業との関係です。顧問先の企業から、「なぜ事前に指導してくれなかったのか」もしくは「監督署の是正勧告に従えない」などといわれる時もあるからです。

しかしながら、労働基準監督官は監督指導するのが仕事です。「労働基準法は考え方が古い」といったところで結果は変わりません。そのような時も、社会保険労務士として、顧問先企業の社長の思いを受け止めたうえで、改善できることから改善するように寄り添ったり、時には説得することもしなければいけません。

社長や監督署等とは、この調査対応を通じて信頼関係を築くことができますが、対応や発言を間違えると社会保険労務士としての信頼を逆に失うこともあるため注意が必要です。

●専門知識が必要な業務の注意点

そのほか、慎重に**対応したいのが「労働者派遣事業申請・職業紹介事業申請」と「老齢年金・障害年金等の裁定請求」**です。それぞれ専門知識が必要となるため、契約するのであれば、しっかり勉強してからにしましょう。

例えば、私は「労働者派遣事業申請・職業紹介事業申請」を積極的に勉強していたので、多くの申請をしてきましたが、その中には「派遣会社の派遣許可なのに派遣許可が下りない（もしくは、間に合わないかもしれない）」といったヒヤっとしたケースもありました。

派遣会社で派遣許可が間に合わない場合は営業が開始できなくなり、損害賠償請求をされる可能性もあります。何の仕事でもミスは許されませんが、とりわけ**期限がある許可申請は細心の注意を払う必要があります**。ご注意ください。

☑「給与計算」に強い社労士を目指す場合

給与計算は最近依頼が増えている業務ですが、締め日から支払日が決定しているため、一定の時期に業務が集中する傾向があります。また、１つのミスでも顧問先および顧問先の従業員からの信頼を失うため、**無理のないスケジュールで慎重に対応することが大前提となる責任や期限がある業務**といえます。

コラム

当事務所が顧問先に提案している給与計算の主な流れ

私の事務所では、二重チェック体制をとったり、無理のないスケジュール管理で対応していますが、それでも依頼に応じるのには限度があります。

そこで最近では、給与計算を自動化するためのシステム導入コンサルティングや、給与計算システムのレンタル等を積極的に進めています。

つまり、「複雑な給与計算だから社会保険労務士事務所に依頼したい」という１から10までこちらが引き受ける流れを見直し、「複雑な給与計算をシンプルに変更し、給与計算を自動化することで、社内で給与計算ができるシステム環境を構築すること」をご提案する方向にシフトしているのです。

給与計算の主な流れ

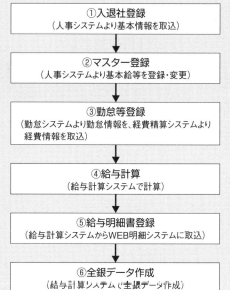

①入退社登録
（人事システムより基本情報を取込）
↓
②マスター登録
（人事システムより基本給等を登録・変更）
↓
③勤怠等登録
（勤怠システムより勤怠情報を、経費精算システムより経費情報を取込）
↓
④給与計算
（給与計算システムで計算）
↓
⑤給与明細書登録
（給与計算システムからWEB明細システムに取込）
↓
⑥全銀データ作成
（給与計算システムで全銀データ作成）
↓
⑦インターネットバンキング
（全銀データより振込情報取込）

例えば、「勤怠システム」「給与計算システム」「経費精算システム」を導入することで、勤怠システムと経費精算システムから「勤怠・経費データ」を給与計算システムに取り込んで給与計算をし（上図①～④）、WEB明細システムに登録する――という流れです。

できるだけ、連携しているシステムに統一をすることでデータ取込も簡単になるので、最低限のデータ入力で給与計算をすることが可能になります。また、インターネットバンキングに全銀データを取り込むことで、紙・入力はほぼないかたちで振込まで可能になります。

「労務相談」に強い社労士を目指す場合

労務相談も依頼が増えている業務ですが、**厚生労働省などの役所のホームページなどに明確な対応策が掲載されていないことも少なくありません**。労務の専門書や顧問先の業界のことがわかる専門書を読むなど、**経営者と一緒に対応策を考えていく**必要があります。

この分野も一度誤った回答をすると信頼を失う可能性があるため、**わからないことをその場で適当に答えることはせず、「念のため、確認してからご回答します」と伝えたほうが信頼を得られるでしょう**。自信がないなら、持ち帰って「宿題」にするのがポイントです。

私も開業当時は工夫をして乗り切っていました。

例えば、顧問先の相談に対して自分の言葉で回答する自信がなかった時は、根拠となる新聞記事や書籍の写しを渡しながら回答したこともあります。悩ましい案件は持ち帰り、その後、様々な情報を必死に調べ、どうしてもわからない時は前職でお世話になった先輩方に相談したり、再度調べたりしてから回答していました。

現在、労務相談は実務経験を持つ所内の社会保険労務士が中心となり対応しています。回答に迷った案件は複数名の社会保険労務士が対応策を検討し、メールで回答する場合も作成した文面を確認し合うなど、１つひとつのプロセスを慎重に行うようにしています。

●「こうすべき」と断定する伝え方はしないよう心がける

労務相談は、企業の規模や状況によって回答が異なることもあります。大企業なのか、創業したての従業員数名の企業なのか、社長はどんな考えの方なのか、今までの経緯はどうなのかなど、様々な事情があるからです。

ポイントは、私たち社会保険労務士は顧問先の経営者ではないため、**あくまでも提案に留める**ということです。最終判断をするのは社長ですから、社会保険労務士である私が「こうすべき」というような伝え方はしないよう心がけています。

仮に顧問先の置かれている立場を考慮したうえで、社長の考えに自分が賛同しかねる場合、「私たち社会保険労務士としては、決しておすすめはしません」とはっきり伝え、「こういった理由があるのでリスクがありますが、それを踏まえて社長がそうおっしゃるなら、最終判断は社長がしてください」ということもあります。

信頼関係ができてくると社長から、「出口さんだったらどうする？」と意見を求められることもあるので、その時は、**「私だったらこうします。なぜなら○○だからです」と、その回答に至った理由も説明する**ようにしています。そうすると、私の意見を参考に、社長が経営判断をしやすくなるケースがあるからです。

なお、**相談されたプロセスや結果は記録しておきましょう**。送受信したメール、議事録等で説明した内容の記録を残しておくことで、「あの時、社会保険労務士の先生がいいといった」などの展開になった時も、「○月○日のメールをご参照ください」と証拠をもとに事実を伝えられるからです。

仮にアドバイスミスによる損害賠償が発生した時も、損害賠償請求の保険金を保険会社に請求する際は業務執行に関する記録（社会保険労務士法第19条に規定されている帳簿等）が備えつけられていることが前提なので、日頃から記録する習慣をつけたいところです。

コラム

よく受ける質問に前もって備えておく

私の事務所では、顧問先からよく受ける質問の回答をA4用紙1枚の「NEWS」にまとめています。

例えば、顧問先から質問のメールが届き、その回答として文章で長々と説明すると時間がかかります。

そこで、受信したメールの返信としては簡潔にポイントだけを記載し、**「詳細は添付資料をご参照ください」**とするようにしているのです。

そうすることで、お客様も「NEWS」を保管してくれるようになり、同じ質問を受けることが減少しました。

毎月、1～2つの「NEWS」を作成・更新しており、現在、その数は130を超えました。

最近では、基本的な内容を解説した「NEWS」は当社ホームページ内の「会員専用ページ」というコーナーに収め、顧問契約企業であれば、いつでも活用できるようにしています。

当所が作成している「NEWS」

経営・労務に役立つ・・・

Monthly Topics

保存版

加入対象となる労働者の範囲

発行：社会保険労務士法人出口事務所　TEL03-6205-5405
〒169-0075 東京都新宿区高田馬場 1-24-16 内田ビル 3 階
ホームページ　https://www.deguchi-office.com/

Q&A　従業員が入社しましたが、加入すべき保険について教えてください

	社会保険	労働保険	
	健康保険・厚生年金保険	雇用保険	労災保険
基本的なとらえ方	適用事業所に**常用的に使用**されている、次に掲げる者以外は、本人の意思、国籍、報酬の多少に関わらず被保険者となる。 ただし、健康保険では、原則として日本国内に住所を有する75歳以上の人、厚生年金保険では70歳以上の人を除く。 (1) 日々雇い入れられる者(1ヵ月以内) (2) 2ヵ月以内の期間を定めて使用される者 (3) 季節的業務に4ヵ月を超えずに使用される者【例：酒造製茶等】 (4) 臨時的事業に6ヵ月を超えずに使用される者【例：博覧会等】	次に掲げる労働者以外は、被保険者となる。 (1) 季節的事業に4ヵ月以内の期間を予定して雇用される者 (2) 昼間学生や週20時間未満のパートタイマー ※65歳以上の方も雇用保険の適用対象となります	労働の対価として賃金をうける**全ての労働者**が対象 ※労働保険事務組合と労働保険の事務委託をした場合、中小企業の事業主・法人の役員・家族従事者も、労災保険に加入できます（特別加入）。特別加入をご希望の方は当事務所までご相談下さい。
短時間就労者	労働時間及び労働日数が正社員の**3／4以上**であって、常用的使用関係が認められれば被保険者となる。 平成28年10月から、従業員501人以上の会社の加入対象が広がりました。平成29年4月からは、従業員500人以下の会社で働く方も、労使で合意すれば加入対象になります。 ※短時間労働者とは、勤務時間・勤務日数が、常時雇用者の3/4未満で、以下の①～⑤のすべてに該当する方 ①週所定労働時間が20時間以上 ②賃金の月額が8.8万円以上 ③雇用期間が1年以上見込まれる ④学生でない ⑤以下のいずれかに該当する (1)従業員が501人以上の会社(特定適用事業所)で働いている (2)従業員が500人以下の会社で労使合意がされている	次の2要件に該当し、労働条件等が文書で定められているときは被保険者となる (1) 1週間の所定労働時間が**20時間以上**ある (2) **31日以上**引き続き雇用される見込みである	期間や労働時間に関係なく、1日だけの短期アルバイトも含めて**全ての労働者**が対象

※例えば1週間の会社で定めた労働時間が40時間(1日8時間、週5日)の場合

参考　日本年金機構・厚生労働省　ホームページ等

出所：NEWS（保存版）「加入対象となる労働者の範囲」

「就業規則」に強い社労士を目指す場合

法改正は頻繁にあるため、就業規則の作成・修正も依頼の多い業務になります。就業規則は、労働者の労働条件や職場内の規律などを定めた**「法的効力を持つ職場のルールブック」**で、無用のトラブル防止に役立つ、労使双方にとって重要な役割を果たす存在です。

就業規則の作成フローは社会保険労務士ごとに異なります。企業と一緒にオーダーメイドで作成する方もいれば、ヒアリングシートを使ってアンケートを実施し、パターン化された就業規則から作成する方もいます。アンケートに答えるだけで完成する就業規則作成システムを導入している例もあります。

ただし、自社の現状を理解したうえでアンケートに回答するには、それなりの知識と経験が必要です。**企業の回答を額面通りに受け取ったとしても企業が必要とする就業規則ができるとは限りません。**

「法改正情報」に強い社労士を目指す場合

社会保険労務士の業務に関係する法改正等は毎年あるので、**日々継続的な勉強が必要**です。

私の場合、全国社会保険労務士会連合会や都道府県会の会報・必須研修で毎月学ぶことはもちろん、専門誌の定期購読や専門のセミナーが受けられるサイトと契約し、情報収集をしています。

事務所単位の取り組みとしては、毎月「全体会議」を開催し、職員と法改正情報を共有したり、顧問先向けに配信しているオリジナルの情報ツール「NEWS」の内容をみんなで確認したり、セミナーの開催や受講をしています。

社会保険労務士は法改正情報の勉強が重要業務ですが、**1人ですべてを把握することには限界があります**。例えば、チームをつくって責任者を中心にみんなで勉強し、何かわからないことがあれば責任者に相談できる環境を整備することで安心して自分にとっては苦手な業務依頼も受けることが可能になるでしょう。

コラム

リスクを未然に防ぐ習慣を

●私が就業規則を「経営者同席」で作成している理由

私の事務所は原則、経営者同席のもと、就業規則に記載する全項目をヒアリングし、各項目の内容を説明のうえ、「オーダーメイドの就業規則」を企業と一緒に作成するようにしています。

「経営者同席のもと作成」としているのは、きっかけがあります。人事総務部の担当者と綿密に打合せのうえ就業規則を作成した某企業において、社内では私が関わったものと異なる規則が運用されていたうえに、担当者経由で経営者には**「これは社会保険労務士が勝手に作ったものだ」**と説明されていた苦い経験があるからです。

たとえ私が顧問であっても、そこで働いているわけではありませんから、提案した規則が実際に運用されているかどうかは判断できません。

私は過去のヒアリングシートやメールのやりとりを残しており、就業規則の変更履歴も残していたので、その記録を根拠に作成した経緯を経営者に説明しました。時間をかけて一生懸命作成した就業規則でしたから、こうした結果になったのは残念であり、あまり思い出したくない出来事です。

以来、就業規則の作成時は経営者に同席いただき、改定案等をきちんと説明したうえで、ご理解いただくところまで同席をお願いしています。

●間違ったことを話していたら即座に注意

私の事務所では、顧問先と電話で話している職員の話を、他の職員が耳を澄まして聴いています。そのため、仮に誤っていることを話しているとわかると、別の職員がパンフレット等を電話している職員に渡して**訂正箇所を教えたり、口頭で即座に正解を教えたりする**ことがあります。

例えば、私が顧問先から電話口で「派遣法の改正」に関する質問を受け、即答できない内容だった場合、私は派遣法に強い職員に伝わるように質問内容を復唱すれば、それを聞いている担当者がジェスチャーで〇や×などを表現して答えを教えてくれました。「そのご質問についての対応は少々お待ちください」などと電話を保留にしなくても解決できますし、その後に情報共有しなくても済むので簡単です。同じ職場に仲間がいることが有難いと感じる瞬間でもあります。

「社労士診断認証制度」に強い社労士を目指す場合

●認証マークは３種類ある

「社労士診断認証制度（経営労務診断）」とは、労務コンプライアンスや働き方改革に取り組む企業を社労士が診断して認証マークを発行する制度で、全国社会保険労務士会連合会が行っている事業になります。認証マークには、以下の３種類があります。

全国社会保険労務士会連合会「社労士診断認証制度」の概要

職場環境改善宣言企業	職場環境の改善に取り組む企業がWEBから申請し、企業自ら宣言することができます。事務局にて確認・承認手続き後、全国社会保険労務士会連合会よりマークを付与され、認証企業として掲載されます。また、社労士に依頼して登録手続きを行うことも可能です。
経営労務診断実施企業	「職場環境改善宣言」を行ったうえで、「経営労務診断基準」に基づき所定の項目について社労士の確認を受けた企業に全国社会保険労務士会連合会よりマークを付与され、企業情報サイトにマーク情報が掲載されます。
経営労務診断適合企業	「職場環境改善宣言」を行ったうえで、所定の項目について社労士の確認を受け、「経営労務診断基準」に基づき必須項目のすべてが適正と認められた企業に、全国社会保険労務士会連合会よりマークを付与され、企業情報サイトにマーク情報と各項目の調査結果が掲載されます。

https://www.sr-shindan.jp/

認証マークを取得することで、企業は自社の取り組みの見える化や企業の信頼性のさらなる向上、求職者へのアピールが可能です。

「職場環境改善宣言」そのものは、全国社会保険労務士会連合会「社労士診断認証制度」のサイトから10分程度で完了します。セルフチェックで認証登録ができ、登録料・認証マーク発行費用はかかりません。

職場環境改善宣言の診断結果で「はい」が11個以上であれば、「続けて経営労務診断を受けてみませんか？」と提案してみてください。

社労士診断認証制度（経営労務診断）の提案例

企業と顧問契約時に職場環境改善宣言を行う

↓

職場環境改善宣言の結果で「はい」が11個以上の場合は、経営労務診断を提案する

↓

経営労務診断に必要な書類を企業に準備していただく

↓

社会保険労務士が診断を行う

↓

企業に結果報告書を渡し、改善点の助言を行う

↓

認証マークが付与され、企業情報がサイトに掲載される

ちなみに私の事務所では、顧問契約する企業に対し、契約時の経営労務診断を原則必須としています。顧問契約時の経営労務診断結果をもとに問題点を把握し、顧問契約後に一緒に問題を解決することがよいと考えているからです。

なお、確認を受けた企業には「経営労務診断実施企業」のマークが付与され、企業情報サイトに情報を掲載されます。

気をつけたいのは、経営労務診断は所定の項目について社会保険労務士の確認が必要となるため、診断には時間と社会保険労務士への報酬が発生する旨、あらかじめ説明する必要があることです。

報酬は定額制ではないので、自分が診断にどれくらい時間がかかるかを確認してから個々に決めることになります。私の事務所では、顧問契約をしている企業向けにセミナーを開催し、参加者特典として割引した報酬で経営労務診断を行い、1つの企業でどのくらいの時間や作業がかかるかを集計し、担当する社会保険労務士の人件費を考慮に入れて正式な報酬を決定しました。

「コンサルティング業務」に強い社労士を目指す場合

社会保険労務士の資格を活かせるコンサルティング業務はたくさんあります。**興味のあるテーマのセミナーや勉強会に積極的に参加して知識を増やし、提案力を高めていく**ことが第一歩です。

自信を持って提案できるようになるまでには、ある程度の時間や慣れが必要になります。私の場合、セミナーや勉強会によるインプットだけでは不安に感じた分野は、**先輩のコンサルティング現場に同席して勉強**したこともあります。全体的な流れをつかむことで、以降は自信を持って提案できるようになりました。

時には、顧問契約の範囲内で、**相手から特に要望されていないコンサルティングに「とりあえず実践してみる」**のも一案です。勉強ばかりで実践しない方も見かけますが、何か知識を得たなら少なくとも一度は実践することをおすすめします。

企業の悩みもニーズも様々です。法対応のほか、「職場環境の改善」「デジタル化」など、自分が提供できるサービスを、そのつど商品化し、提案していくとよいでしょう。

企業からの要望が多い主なコンサルティング業務

- 経営・人事・労務に関するコンサルティング業務
- 人事評価・賃金及び退職金に関するコンサルティング業務
- 年金等のコンサルティング業務
- 正社員登用制度構築コンサルティング業務
- 同一労働同一賃金コンサルティング業務
- 採用コンサルティング業務
- 未払賃金コンサルティング業務
- IPO支援コンサルティング業務
- 職場環境改善コンサルティング業務
- 業務改善コンサルティング業務
- システム導入支援コンサルティング業務
- デジタル化支援コンサルティング業務

コラム

こうした強みをアピールするのもおすすめ

●システム導入＆デジタル化支援の強さをアピール

最近、企業からの依頼が増えているのが**システム導入支援コンサルティング業務とデジタル化支援コンサルティング業務**です。

様々な勤怠管理システムや給与計算システム、人事制度システムが販売されていますが、現場の実態として、それらシステムを使いこなしている企業は多いわけではありません。

勤怠管理システム１つにしても、多種多様なシステムがあります。その中から自社に合ったシステムを導入・運用するには、それなりの知識が必要です。場合によっては、社内制度をシステム内でできる内容に変更のうえ、運用せざるを得ないケースもあります。

私の事務所は「システムに強い社会保険労務士法人」だと思います。なぜなら、システム会社のシステム開発支援をしているからです。「こんなシステムがあったらいいな」「こんな機能があったらいいな」という企業側の要望を伝え、開発をお願いしているのです。

少子高齢化の進行により、日本の労働力不足が深刻になることが懸念されていますから、業務効率化を目的とするパッケージ化されたシステムの需要は、今後、より高まっていくと思っています。

●大切な個人情報を適切に扱えることをアピール

社会保険労務士が扱う個人情報等は重要なものばかりです。

個人情報が含まれた書類を郵送する場合は、記録の残る郵便で送ったり、個人情報が含まれた書類をメール添付で送信する場合はパスワードを設定したりすることが必要です。

個人情報の取扱いを適切に行う体制等を整備していることをアピールするための制度として「プライバシーマーク」や「ISMS」もありますが、社会保険労務士事務所を認証する**社会保険労務士個人情報保護事務所認証制度（SRPⅡ）**もあります。顧問先の信頼を獲得するためにも、SRPⅡ認証を受けて、個人情報等について適切な安全管理措置を講じている事務所であることをアピールしましょう。

https://www.shakaihokenroumushi.jp/organization/tabid/507/Default.aspx

CHAPTER 3

04 実務の最新情報はどう入手していくか

まずは「情報サイトの閲覧」を習慣に

社会保険労務士としての実務力を高めるためにも、日頃の情報収集は必要不可欠です。

一般的な情報源として、新聞・専門誌・書籍があります。日刊の新聞を除くと、雑誌や書籍等の媒体は少し前の情報を編集して発行しています。したがって、新聞・専門誌・書籍は考察を深めるための情報源と位置づけ、最新情報はインターネット上の情報サイトから入手するようにしましょう。

社会保険労務士向けの情報サイトは多数あり、内容や費用などはそれぞれ異なります。いろいろな社会保険労務士の意見を聞くなどして、**信頼できる情報サイトを利用し、最新情報をチェックできる状態にしておく**ことをおすすめします。

私の事務所が利用している専門サイトの1つに、情報・アプリケーション・コンサルティングサービスの提供を行っている名南経営ソリューションズの「日本人事労務コンサルタントグループ（LCG）」があります。

サイトには「ニュース」「リーフレット」「書式」「セミナー・講座」などを扱うコーナーがあり、例えば「ニュース」であれば、法改正情報から統計資料まで、企業関係者に提供可能な情報・資料がたくさん掲載されていて便利です。

特に「セミナー・講座」は充実度が高く、「月刊講座」「テーマ別集中講座」「コンサルティングスキルアップ講座」などのセミナー動画が週2～3本のペースでアップされています。

動画は、いつでも、どこでも、何度でも閲覧でき、「0.75倍速」「1.5倍速」など再生スピードを選べる機能も付いているため、隙間時間を使ってスキルアップに励むことができます。事務所の職員教育として活用することもできますから、セミナー等の受講を通じて事務所全体のレベルアップを図ることもできるでしょう。

同業者と定期的に情報交換することも大切

定期的に同業者と情報交換するのもおすすめです。

私の事務所では、**下表のような事務所の垣根を越えた同業者との「情報交換会」**を、原則として毎月行っています。

特に、法改正やデジタル化に関する情報は常に変化し、自分の事務所だけでは解決できないことも増えており、同業者との情報交換会は貴重な場となっています。

当所が参加している主な情報交換会

主なメンバー	交換し合う主な情報
①東京の複数の社会保険労務士事務所	IT装備の現状認識共有・事務所経営など
②あるイベントで出会った全国の社会保険労務士	法改正情報や事務所経営など
③あるイベントで出会った東京を中心とした社会保険労務士	自分の目標設定や事務所経営など
④業務システムAユーザーの社会保険労務士事務所	業務システムAの開発会議
⑤業務システムBユーザーの社会保険労務士事務所	業務システムBの開発会議
⑥業務システムCユーザーの社会保険労務士事務所	業務システムCの開発会議

セミナーや勉強会にも定期的に参加する

現在はいつでも閲覧可能なオンラインセミナーが増えていますが、リアルセミナーに参加する価値は大いにあります。セミナー後、受講者同士で意見交換する機会は貴重です。同じセミナーに参加しているだけでも興味を持っている分野が一緒であるからです。

前ページの表で紹介している同業者との情報交換会の一部は、定期的なセミナーや合宿セミナーに参加した時の受講生と行っている取り組みです。対面式のセミナーで知り合ったからこそできた仲間です。**皆さんも、どうぞ仲間を大切にしてください。**一生ものの出会いとなるかもしれません。

事務所内でもこまめに情報の交換&シェアを

私の事務所では毎月1回「全体会議」で情報交換をしていますが、それ以外でも随時、Microsoftの「Teams」を活用して情報を共有するようにしています。

例えば、必ず確認してほしい内容には「確認した」というマークを付けてもらったり、直接伝えたい内容はビデオ会議で画面を共有しながら報告しています。複数の職員の意見を知りたい時もMicrosoftのアンケートツール「Forms」を活用し、効率的に進めます。

現在は多様な働き方が増え、出勤日も勤務時間も人によって異なる状況ですから、こうしたツールが活用できる環境にたいへん助けられています。

CHAPTER 3

05 実務力アップカレンダー ～年次に応じた学び方の例～

1年目は体制づくり。顧問契約を目指して実践から学ぶ

ここでは開業直後からの３年間について、実務能力を養うために、何に注目して学んでいけばよいかを説明していきます。

●"営業モード全開"の開業あいさつはNG

１年目は、事業承継等でもない限り、みんなゼロからのスタートになりますが、**実務経験がある場合は積極的に「開業のあいさつ」**の機会を見つけることからスタートすることをおすすめします。

「開業のあいさつ」といっても、「何か仕事はありませんか？」と営業目的であいさつするのではなく、前職でお世話になった方や友人などに、開業したことを伝えることです。この時、「仕事を紹介してほしい」という気持ちを出すと、「なんだ営業目的か……」という残念な気持ちにさせてしまうので気をつけましょう。

私の１件目の契約は開業直後、前々職（税理士・社会保険労務士事務所）で税理士補助をしていた元同僚を介しての案件でした。

元同僚が転職した企業の労務に関することの相談を受けた折、簡単な内容であれば電話相談で終わらせるつもりでした。しかし、話の流れで「36協定の手続きと就業規則の作成をしたい」「私が手伝おうか？」となって、そのまま臨時契約となりました。

●開業前の経験や人とのつながりを活かそう

２件目の契約は、前々職（税理士・社会保険労務士事務所）の税理士さんが税理士事務所を開業されており、その顧問先の事務手続き（社会保険　算定基礎届）の件で連絡を受けました。最初は１社の臨時契約からのスタートでしたが、やりとりをする中で最終的に顧問契約も紹介いただくことになりました。

３件目の契約は、親戚から「会社経営をしている友人が社会保険に加入したいようだ」と紹介を受けました。私にとって初めて顧問契約を受けた企業で、約20年経った今も契約は継続しています。

４件目以降は税理士事務所からの紹介が続き、最終的に１年目（実働７か月間）は６社で合計82万円の売上となりました。

このように**紹介は前々職の同僚や先輩からいただいたもの**が多く、開業間もないとはいえ、私のそれまでの仕事ぶりや人となりを知ってもらっていることも幸いしたと思います。

なお、私は開業する際、前々職と前職の代表に開業のあいさつをしましたが、前々職や前職の顧問契約先に開業案内等の連絡は一切しておりません。後で知った情報ですが、前職の代表は、**「うちの元職員が開業するから、よろしく頼む」**と、いろいろな方に連絡してくださっていたようです。私の開業を温かいまなざしで見守る存在がいたおかげで、今日の私と事務所があると感謝しています。

開業前の経験や人とのつながりは大切にするべきです。

たとえ社会保険労務士の業務と無関係の業界で働いていたとしても、例えば、その業界に精通していた経験を活かし、「○○業界に特化した社会保険労務士」になるのも一案です。私の周囲にも、前職の業界専門で活躍する社会保険労務士が多数います。

●ご縁を求めている人たちと出会える場所に出向こう

そのほか、**経営者と会う機会や異業種交流会に参加する機会を増やしていきましょう**。そうした場は“ご縁”を求めている人たちの集まりです。そこで自分と気の合う経営者や異業種の方を見つけます。交流を深めて仲良くなっていけば、紹介をいただく機会もそう遠くはないと思います。

とはいえ１～２回、会った相手から仕事を紹介してもらえるものでもありません。これは、「自分がどういった相手に仕事を紹介したくなるか？」を想像すれば理解いただけることでしょう。「何か困った時にでも、お役に立てることがあれば」といったスタンスでいれば、相手は必要なタイミングで相談してくださると思います。

●報酬と見合わなくても全力で対応する

１年目は、とにかく全力で仕事をしましょう。紹介いただいた企業を、どれだけ時間をかけてでも、仮に報酬と労力が見合わなかったとしても、**自分が持つ最大限の力で対応**します。こうした姿勢で臨んだ結果として得た信頼関係が、２年目以降の「紹介」につながるからです。

そして、お金はなくても時間に余裕がある１年目は、貴重なひとときです。ホームページや事務所案内等を制作するなどし、時間を有効活用してください。

とはいえ、生活費に余裕がないと心の余裕までなくなり、事業に必要な事務所案内の制作等も億劫になってしまうので、この点、ご注意ください。私の場合は、開業後も１年間は副業として税理士事務所でアルバイトをして、最低限の生活費を稼いでいました。自分なりに工夫をして、初年度を乗り切ってください。

2年目は対応スピードを上げることを意識する

●契約数が増えても対応できる処理能力を身につけよう

２年目は、前年度に契約いただいた企業の業務に全力で対応しながら、実践を通じて計画的に学ぶ時期になります。

開業１年目は何かとやることが多く、気持ちにも余裕がないものです。前年度にできなかった分を取り返す思いで、**働きながら計画的にスキルアップに向けた勉強を並行させる**ようにします。

また、**各種業務の対応スピードを上げる**必要もあります。

１年目のような時間の余裕は、契約数の増加とともになくなっていくからです。自分１人では手に余るケースも出てくるかもしれません。そのような場合は**職員の採用も検討**しましょう。

私の開業２年目を振り返ると、税理士事務所や契約企業からの紹介なども少しずつ増えていったため、このタイミングで１人目の職員を採用することにしました。とはいえ、正職員を採用するような余裕はありません。そこで、他の企業で正職員として勤務していた人を「土曜日だけのアルバイト」として採用することにしました。

当時の私は20代で扶養家族もなく、生活費もあまり必要でなかったこともあり、社会保険労務士業務だけで自分の生活費を稼げるようなりました。前年度まで副業でしていた税理士事務所のアルバイトも辞めたので、職業は「社会保険労務士事務所の代表」です。

ただし、バイト先の税理士事務所の机をそのまま１つお借りするかたちでの船出となりました。

3年目は専門分野を意識しながら顧問契約を増やす

●事務所の拡大に応じて職員教育が必要になることも

3年目は契約が増えるケースも多く、職員を採用した場合は事業が2倍、3倍と拡大していくこともあります。

一方で、事務所全体を考えたうえでの職員教育も課題となります。**各自の専門分野、スキルアップを踏まえて、顧問契約の割合が増えるように活動**していきましょう。

私の場合も、開業3年目は、右表のように税理士事務所や契約企業からの紹介による契約がさらに増えたため、新たに平日のアルバイトの採用を検討することになりました。

開業から3年目までの主な流れ

年度	契約企業	売上	職員数
1年目	6社	約82万円	社会保険労務士1名
2年目	23社	約407万円	社会保険労務士1名 アルバイト1名 →2008年正職員 （現マネージャー）
3年目	40社	約1,289万円	社会保険労務士1名 アルバイト1名 →2008年正職員 （現マネージャー） アルバイト1名 →2007年正職員 （現副代表）

ただ、職員を採用する資金はあるのですが、私も多忙を極めており、手厚く教育するような時間はありません。

そこで、企業の人事部で正職員として勤務していた社会保険労務士有資格者に、平日の夕方から2時間だけアルバイトとして採用することにしました。

こうして２名のアルバイトを採用しましたが、いずれもその後、正職員登用となり、現在はマネージャーや副代表（役員）として事務所を支えてくれています。

オフィスは、そのまま私がアルバイトをしていた税理士事務所でデスク等をお借りするかたちでの３人体制になりました。といっても、アルバイトは、１人は土曜日の勤務、もう１人は平日・夕方の勤務でしたから、両者は直接会うことがないまま、書類のやりとりで業務を進めてくれました。

教育らしい教育はしてあげられず、過去のデータ等を参考資料として渡しただけだったかもしれません。各職員が自ら考え、業務と新規分野の勉強を同時に行い、私に依存することなく自力で得意分野を見つけてくれました。

この最初の３年間で「自立した職員」が仲間となったことで、事務所の基礎を構築することができました。以降、職員がそれぞれの得意分野を活かしてくれたからこそ、ここまでの約20年間、事務所を拡大し続けることができたのだと思っています。

コラム

勤務体験を通じて目標が「税理士」から「社会保険労務士」に

●学生時代のインターンシップが私の人生を変えた

私の祖父、伯父、父は栃木県で社会保険労務士業務を営んでいました。

でも、私は最初から社会保険労務士を目指していたわけではありません。すでに兄が社会保険労務士を目指していましたから、学生時代は税理士になるための勉強に励んでいたのです。

ところが、大学3年生（20歳）の頃に人生の転機がありました。

大学のキャリアセンター（就職課）の掲示板にあった「税理士・社会保険労務士事務所のインターンシップ」に応募し、**実際に「税理士」と「社会保険労務士」の2つの業務を経験したところ、魅力を感じたのは「社会保険労務士業務」のほうだった**のです。

大学卒業後は地元・栃木県にある父の事務所には就職せず、まず税理士・社会保険労務士事務所、続いて社会保険労務士事務所と、都内にある2つの事務所勤務を経て、25歳の時、ゼロから開業しました。開業後の3年間については157ページ以降で述べたとおりです。

その後、父が社会保険労務士を引退することとなり、このタイミングで父の事務所を私が事業承継する経験をしたことも転機の1つです。現在、私の事務所は、**東京オフィスと栃木オフィスの2つの拠点を持つ社会保険労務士法人**となっています。

●社会保険労務士業界は今後、二極化していく？

仮に20歳から70歳までの50年間、社会保険労務士の業務を継続するとしたら、今はちょうど半分（25年）になりました。

25歳で開業、26歳で初めての採用、その後、療養、結婚、出産、育児、職員たちの出産・介護、コロナ禍の経験、RPA（ルーティン業務の自動化）の導入、システム開発、父の社会保険労務士事務所の事業承継、栃木オフィスの新築、システム障害の経験……、これまで毎年のように新しい経験や挑戦をしてきました。でも、私は今年も新たな取り組みをしていますし、これから挑戦したいことも、まだたくさんあります。

有難いことに職員も増え、採用の告知をすると、中小零細である社会保険労務士事務所にもかかわらず、オフィスを構える東京・栃木はもちろん、全国から求人への応募をいただくようになりました。

事務所の成長を実感する一方で、経営の悩みや、職員たちの生活や将来を考えた時のプレッシャーも大きくなっています。

それでも、１人で開業した時と違って、一緒に悩み、問題を解決してくれる仲間が増えたことで精神的にラクになった部分もかなりあります。もし１人で仕事をしていたら、変化についていくことで精一杯だったと思います。

今後、社会保険労務士業界は、「組織で成長していく事務所」と「それ以外の事務所」で二極化していくのではないでしょうか。

●向き合い方次第で仕事は無限。一緒に魅力ある業界にしましょう！

「組織で成長していく事務所」と「それ以外の事務所」、読者の皆さんが、どちらを目指すかは個々の判断になりますが、社会保険労務士業務を安定して継続するために、**先を見据えて経営をしていく必要があります。**

コロナのような感染症、自然災害、システム障害などが起きた時、事務所の継続は困難になります。また、デジタル社会の普及により、社会保険の業務は今まで以上に変化すると思います。経営者として、変化に対応する力を養っていきたいところです。

ちなみに、開業して20年経った今の私は、**「ピンチがあるのは当たり前。リスクヘッジは私の出番。ピンチがあるからチャンスがある」**と考える経営者になりました。

「これから自分は、どのような企業形態を選択し、どのような経営者になって、リスクと対峙していけばよいか——」、そういったことも考えてみるとよいでしょう。

社会保険労務士の仕事は、年齢に関係なく、育児や介護をしながらでも、自分のペースで稼ぎたいだけ稼ぐことも可能です。専門家である以上、常に勉強は必要ですが、仕事は無限にあります。

皆さんと一緒に情報共有しながら、社会保険労務士業界を、より魅力ある世界にできることを願っています。

CHAPTER 4

顧客開拓・サービス開発をどう進めるか

安中 繁

CHAPTER 4

01 顧客は「向こうからやってくる」ポイントは「導線づくり」にあり

まず見込み客を前にした時の自分を想像してみよう

「幸せに働く大人が溢れる国づくりに貢献する」、これは私の人生ビジョンです。このビジョンを実現するために、社労士という職業を通じて貢献できることならなんでもしよう――、そう決意し、毎日楽しくやりがいに満ちて仕事をしています。

「社労士は、幸せな国づくり業」、そう私は思っています。

このCHAPTERでは、20代で開業社労士となった私が、現在に至る過程で身につけた「顧客開拓」と「サービス開発」のノウハウを惜しみなくお伝えします。魅力ある社労士の仲間が増える未来に大いに期待しています。

読者の皆さんが一番興味を持たれるのは、どのあたりでしょうか？CHAPTER 3まで読み進めてこられて、社労士として歩んでいく未来にワクワク感を抱いている一方で、お客様への価値提供をしていくシーンをイメージすると、急に不安にさいなまれるのではないでしょうか？

まずは、**目の前に、「あなたに仕事をお願いしたい」という企業経営者が座っていると想像して、静かに目を閉じてみてください**。

見込み客である企業経営者を前に、あなたはどんな言葉を交わしているでしょうか？

「……全然、想像もつかない」

じつのところ、開業当初の私が、まさにこれでした。何をどうしたらいいのか、まったく想像できなかったのです。

そこから私は手探りで顧客開発を進めてきましたが、今では自分のスタイルがある程度完成したので、状況に応じてアレンジしています。

ここでは皆さんが見込み客を前に、思い悩んだり、つまずいたりしないためのポイントを解説していきます。

まず、受注に向けて準備しておきたいのが次のアイテムです。

①事務所案内
②提案書
③料金表
④ご契約までの流れ案内
⑤契約書
⑥見積書
⑦請求書

たいていの場合、顧客が「向こうからやってくる」ということはありませんから、**新規顧客の獲得につながる"導線"を前もってつくることが大きなポイント**になります。

では、各アイテムについて見ていきましょう。

CHAPTER 4

02 商談の現場で役立つアイテム

受注に向けて用意したいのは、この７種類

①事務所案内

自社の「強み」はなにか、どんなサービスを提供するのか、**事務所の全体像を表現する案内**をつくりましょう。

ご挨拶　Top Message

ドリームサポート社会保険労務士法人は、４名の創業社労士により2015年に設立致しました。
創業者がそれぞれ法人設立前に培ってきた多彩な経験・事例を礎とし、「よい会社をもっとよくする」ことを目指しております。

経営労務分野におけるサービスは、労務トラブルの解決及び未然防止、人事・労働時間・賃金・福利厚生・社内施策に関する制度設計・運用コンサル、ＩＰＯ支援、個別労使紛争解決手続の代理、行政による調査対応、労働組合対応等、幅広く提供しております。

また、多彩なバックグラウンド、業務上の経験、お客様企業から得た豊富な知見を有し、「ドリサポではこうしています」がお客様企業への最大の価値提供となるべく、週４正社員の制度をはじめとした様々な取組みを自社内でも積極的におこなっております。

是非、貴社発展のために、我々チーム・ドリサポにご期待ください。

CEO　安中 繁

例えば私の場合、開業直後は、「社長、こんなお悩みありませんか？」と問いかけ、給与計算や労働社会保険手続きの代行、助成金申請の代行などを提案する事務所案内をつくり、出会う方々にせっせと配付していました。

現在の事務所案内は、度重なる改訂を経て、Ａ４サイズ４面とカバーブックでつくられている、「ご挨拶」「当社のコンセプト」「大切にしていること」「所在地」などを示したものになりました。

②提案書

事務所案内のうち、**一番の「推し」メニューについて、サービスの提供方法を具体的に示す**提案書を作成し、見込み顧客との商談に備えましょう。

例えば、「人事評価制度策定コンサルティング」であれば、以下の内容を伝え、ミスマッチをなくすとともに、求めている相手によりリーチすることができるようにしています。

- **どれくらいの期間をかけて何回にわたって提供されるのか**
- **場所はどこで実施するのか**
- **どんなメンバーで進行するのか**
- **事前に必要となる資料は何か**

当社では「サービスカタログ」と称する冊子で主だったサービスメニューを紹介するようにしています。こちらは当社のHPからもダウンロードできるようにしています。

当社のサービスカタログ（一部）

③料金表

個人事業からスタートし「原価（＝人件費）ゼロ」だった頃の私は、無尽蔵にある時間を賭して顧客対応にあたっていました。

けれど、スタッフを雇用するようになると事情が変わります。当たり前ですが、時間は有限。社員にはタダ働きはさせられません。

ですので、**たとえ原価ゼロフェーズ（つまり、自分１人）であってもタイムチャージを決め、そこから逆算した価格設定・工数設定をしていくことが大切**になります。

社労士の、いや、士業の社会から受ける報酬は、まだまだ適正ではないと思っています。

なかには、「社労士と名乗ると安くなるから、社労士の肩書はあえて名乗らないことにしている」と話す方もいるほどです。

私は、国家資格者としての責任と高度な専門性を持ちながら企業の健全な発展を支える社労士は、より高い報酬を獲得すべきであると思うのです。他士業に対しても同様の課題感を持っています。

そこで、料金表は**フリーランスとして成立する最低水準から始めるという発想ではなく、雇用を生み出すビジネスとして成立する水準および社会から獲得すべき理想適正料金を熟考したうえで設定すべきである**と考えているのです。

一方で、提供者となる社労士が自ら価格交渉をするのは難しいのです。少なくとも私は価格交渉が苦手分野でした。「自分もそうかもしれない」と思った方は、料金表を整備して料金表に語らせる状

当社の料金表（一部）

2　顧問契約に追加いただけるオプション契約　※スポット契約ではお受けしておりません。

HRブレインパートナー契約またはディスカッションパートナー契約に追加して、次の代行業務をご依頼いただけます。

（1）労働・社会保険手続き代行契約

●労働・社会保険手続き代行契約とは
・貴社のご依頼に応じて、社労士法で定められている届出書や申請書などの作成及び届出・申請の代行を行います。
・基本的な手続きを包括している定額プランと手続きの都度、手続きに応じた費用をいただく随時プランがあります。
※同時に、マイナンバーの委託をご依頼をご希望の場合は、マイナンバー届出代行について、別途お申込みください。

①定額プラン（②で代行契約込にチェックのある手続きが含まれます。）

基本料金 12,000円 [　] ＋ 1名につき 1,000円 [　] × 在籍人数 [　]　　月あたり [　]

②随時プラン

			代行契約込 または 都度
雇用保険・健康保険・厚生年金　資格得喪の届 の作成・届出	1名あたり、1届け先あたり	5,000円	☑ 代行契約込・☐
健康保険 被扶養者（異動）届 の作成・届出	1手続きあたり	5,000円	☑ 代行契約込・☐
国民年金 第3号被保険者にかかわる届 の作成・届出	1名あたり	5,000円	☑ 代行契約込・☐
雇用保険・健康保険・厚生年金　氏名変更届 の作成・届出	1名あたり、1届け先あたり	5,000円	☑ 代行契約込・☐
健康保険・厚生年金 住所変更届 の作成・届出	1名あたり、1届け先あたり	5,000円	☑ 代行契約込・☐
雇用保険 離職証明書 の作成・届出	1名あたり	15,000円	☑ 代行契約込・☐
雇用保険 賃金月額証明書の作成・届出	1名あたり、1手続きあたり	10,000円	☑ 代行契約込・☐
雇用保険 雇用継続給付に関する届出書・申請書 の作成・届出	1名あたり、1手続きあたり	5,000円	☑ 代行契約込・☐
健康保険・厚生年金 休業取得に関する新規・延長・終了届 の作成・届出	1名あたり、1届け先あたり	5,000円	☑ 代行契約込・☐
健康保険・厚生年金 休業終了時報酬月額変更届 の作成・届出	1名あたり、1届け先あたり	5,000円	☑ 代行契約込・☐
厚生年金 養育期間標準報酬月額特例申出書・終了届 の作成・届出	1名あたり、1手続きあたり	5,000円	☑ 代行契約込・☐
健康保険　出産手当金支給申請書	1名あたり、1届け先あたり	10,000円	☑ 代行契約込・☐
健康保険　傷病手当金支給申請書	1名あたり、1届け先あたり	10,000円	☑ 代行契約込・☐
健康保険・厚生年金 報酬月額変更届 の作成・届出	1名あたり、1届け先あたり	5,000円	☑ 代行契約込・☐
健康保険・厚生年金 被保険者賞与支払届 の作成・届出	1名あたり、1届け先あたり	5,000円	☑ 代行契約込・☐
労災保険給付の請求書等 の作成・届出	1通あたり	30,000円	
死傷病報告 の作成・届出	1通あたり	30,000円	
36協定 の作成・届出	1事業所あたり	30,000円	
労働保険 概算・確定保険料申告書（年度更新） の作成・届出	1手続きあたり	基本料金30,000円 ＋6名以降1人1,000円	
健康保険・厚生年金 報酬月額算定基礎届 の作成・届出	1手続きあたり、1届け先あたり	基本料金30,000円 ＋6名以降1人1,000円	
適用事業報告 の作成・届出	1事業あたり	10,000円	
労働保険 保険関係成立届 の作成・届出	1労働保険番号あたり	30,000円	
労働保険 概算保険料申告書 の作成・届出	1労働保険番号あたり	30,000円	
雇用保険 適用事業所設置届 の作成・届出	1事業所あたり	40,000円	
健康保険・厚生年金 新規適用届 の作成・届出	1事業所あたり	80,000円	
労働保険 名称、所在地等変更届	1手続きあたり	30,000円	
雇用保険 事業主事業所各種変更届 の作成・届出	1手続きあたり	30,000円	
健康保険・厚生年金 適用事業所所在地名称変更届 の作成・届出	1事業所あたり、1届け先あたり	30,000円	
健康保険・厚生年金 事業所関係変更届 の作成・届出	1事業所あたり、1届け先あたり	30,000円	
求人票 の作成（新規）	1通あたり	20,000円	
求人票 の作成（変更等）	1通あたり	5,000円	
労働契約書・条件明示書のひな形 の作成	1形式あたり	30,000円	
労働者名簿 の作成	1名あたり	3,000円	
健康保険組合編入手続き のサポート	1件あたり	100,000円	

※定額プランの場合でも、事業所閉鎖にかかる手続きは別途随時プランの各々の料金を頂戴いたします。

況をつくりましょう。

極論かもしれませんが、**「事務所発展のキーは料金表の策定にある」**とさえ思っています。料金表を、前述の①事務所案内、②提案書とともにご覧いただけるように準備しましょう。

コラム

当社がコンサルサービスを開始前一括払いにしている理由

当社のコンサルティングサービスは**12か月間での提供**を標準としていますが、料金の支払条件は**開始前一括払い**としています。

月々分割払いを求められることもありますが、一括でのお支払いをお願いしています。これには重要な意味が込められているのです。

企業経営において、お金の使い方は「浪費」か「消費」か「投資」、この3つしかありません。

浪費はただちに撲滅すべきもの。

消費は必要経費。なるべく節約するのがよいとされるでしょう。

そして、未来をよりよくするために使うお金は「投資」。人的資本経営の考え方においても、どれだけ「人」に投資をしているかは、よい会社であるかどうかを判断する重要な経営指標と位置づけられています。

コンサルティング費用は、まさに「投資」です。これを経営者に認識していただき、よい未来をつくっていく覚悟を決めていただくためにも「開始前一括払い」をお願いしているのです。

分割払いを希望される経営者さまには、「分割払いは、途中でうまくいかなければやめようという程度の決意の表れではないですか？」と問いかけています。「最後までやり切ろうという決意が固まったら、もう一度ご依頼くださいね」といって、お引き取りいただくことさえあるのです。

これには異論反論も多数あることと思いますが、当社の場合は、このメッセージが届いたお客様が、当社の顧客なのです。

④ご契約までの流れ案内

これは個別サービスの提案書にも入ることとなりますが、**顧問契約を締結した場合に、どのような流れで顧問業務のやりとりが始まるのか、あらかじめお知らせしておく**資料をつくりましょう。

請求書の送付のタイミングといった事務的なところから、日々のやりとりの方法（対面、オンライン対面、電話、メール、チャットツール等）、また、入退社や労災事故発生時にどのような情報をどのような方法でご提供いただくのかといったことまで、事前に案内しておくと親切です。

開業したての頃の当社は、クリアポケットに必要書類が入っている「ご契約ファイル」を契約時にお渡しし、入退社時に情報をいただくためのフォーマットや労災事故発生時に提供いただく情報リストをひとまとめにしていました。

当時は、何らかの事案が発生した際に手書きしたものをFAX送信してもらうことを想定してフォーマットを作成しましたが、今はすべてオンライン上でのやりとりですから、右のような資料を活用してガイドしています。

やりとりの方法のガイド（一部）

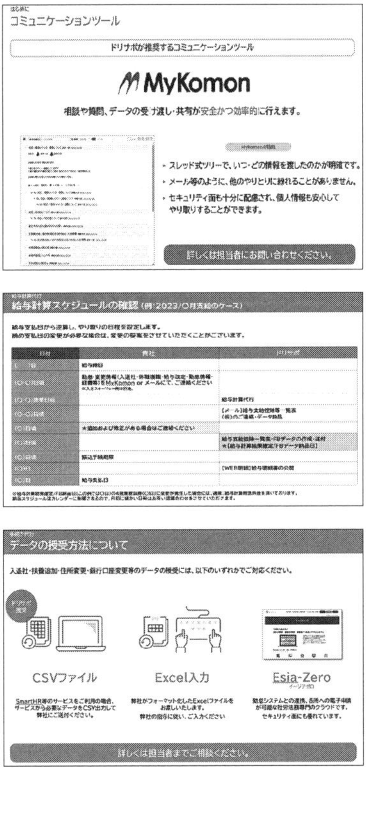

⑤契約書

契約書を準備します。**支払条件も定めておきましょう**（下の「コラム」参照）。各都道府県社労士会からひな形が提供している都道府県社労士会もありますから、適宜カスタマイズするとよいでしょう。

業務委託契約書のひな形

あくまで例示であり、事務所の実情に応じて、適宜設定してください。

業務委託契約書(雛形)

委託者＿＿＿＿＿＿＿＿＿＿＿＿（以下「甲」と称する）と

受託者　　（社会保険労務士事務所）＿＿＿＿（以下「乙」と称する）とは、

下記のとおり業務委託契約（以下、「本契約」という。）を契約する。

契約事項	委託業務の範囲	(1)労働・社会保険諸法令に基づく書類の作成、提出等。 (2)労働・社会保険諸法令に基づく帳簿類の作成、管理、保管等。 詳細は別紙「委託業務の範囲及び報酬の内訳書」による。
	期　　間	年　月　日　～　年　月　日
	報酬額及び支払方法	本契約に基づく報酬額、報酬細目、支払時期及び方法は上記内訳書による。
	特約事項	

出所：東京都社会保険労務士会

⑥見積書

契約に至る前に契約条件を提示する見積書が必要です。**顧問契約をする顧客の組織において決裁を通す際も必須**となります。

オーナー企業であれば、社長と意気投合して口頭同意で契約が始まることもありますが、組織的に動いている企業の場合、見積書があると担当部署が社内で説明がしやすくなります。**稟議を通しやすい状況をつくってあげることも重要**です。また、社会福祉法人や自治体の外郭団体など、**公益性の高い組織では相見積りが必須**です。

さらに見積書は、顧問契約後も、**オプションサービスの受注にあたっての条件を提示する際などに活用する**ことになります。

コラム

社労士が適正な報酬を得るためにも見積書は必要

ある地方自治体の外郭団体において割増賃金の過誤払いが過去数年にわたって存在していたことがわかり、給与の再計算、年末調整のやり直し、労働保険料の年度更新、算定基礎の再計算を実施することとなりました。

過誤払いの総額は数千円で、民間事業会社であれば「しょうがないね」で終わりにしたかもしれません。けれど、税金をもとに事業を実施する組織では法令遵守は至上テーマ。些少額でも正さなければなりません。

一方、その計算業務を請け負う社労士は、数千円の過誤払いの是正のためだ

当社の見積書の例

ドリサポ

#REF!	様

見積書No.	#REF!
見積作成日	#REF! 年 ### 月 ### 日
見積有効期限	#REF! 年 ### 月 ### 日

ドリームサポート社会保険労務士法人
担当： #REF!
〒185-0021 東京都国分寺市南町3-15-6 ■■ビル
TEL. 042-300-0323　FAX. 042-300-0■■■

御契約書（月々の料金用）

下記及び別記「料金のご案内兼見積明細書」のとおりお見積り申し上げます。
下記に記載のない契約内容については、別途締結した取引基本契約に定める契約内容によります。

月あたり料金の合計	

1．顧問契約料金（月々の料金）

			小計	
1	顧問契約		月あたり	
			月あたり	
			月あたり	

2．オプション契約料金のうち月々の料金

			小計	
2	(1)手続き代行		月あたり	
	(2)給与計算代行		月あたり、1回あたり	

※都度必要になる料金につきましては、別紙、または専用のお見積書等をご覧ください。

ご契約期間	2024年4月1日から1年間（以降、自動更新。取引基本契約第14条-2より）
お支払条件	<顧問契約>顧問契約は、当月分の報酬を、当月25日までに、請求書に記載されている弊社指定口座に振り込みにより支払うものとします。なお、その際の振込手数料は、貴社の負担とします。ただし、貴社が引き落としを希望した場合は、当月分の報酬を当月22日に貴社が希望する口座から引き落とす方法により支払うものとします。 <手続き代行および給与計算代行業務> 手続き代行及び給与計算代行業務は、月末時点の報酬額を、翌月25日までに、請求書に記載されている弊社指定口座に振り込みにより支払うものとします。なお、その際の振込手数料は、貴社の負担とします。ただし、貴社が引き落としを希望した場合は、当月分の報酬を翌月22日に貴社が希望する口座から引き落とす方法により支払うものとします。
備考	・別記「料金のご案内 兼 見積明細書」に記載の「数」は見積時点のものであり、ご請求の際は、実際の数量で計算いたします。 ・記載のないものについては、別途お見積りいたします。 ・現在有効中の契約については、記載を省略している場合があります。 ・記載のない契約内容については、別途締結した取引基本契約に定める契約内容によります。　※記載の料金はいずれも税別です。

⑧

からと“ただ働き”するわけにはいきません。かかる工数に見合った報酬を見積書により提示しました。これがなかなかの工数で、数千円の是正をするために数十万円の支払いが必要になる見積額となりました。

理事会では、その見積書を資料に議論がなされ、結果、過誤払い額に対して回収コストが過大であることから、過誤払いの是正処理は見送ることとなりました。

経営決定を下す合意会議体で、事務処理にかかるコストがいかなるものかを見積りの内訳により具体的に説明しなければ、この結論には至らなかったのではないかと想像しています。見積書の存在がなければ、理不尽な報酬額で社労士が「見合わない仕事」を泣く泣く引き受けることになっていたかもしれません。適正な報酬を得るために、見積書が役割を果たすのです。

⑦請求書

私が開業したての頃は、顧問料は定額ですから、毎月請求書を顧問先企業に送らなくても済む契約が多かったものです。

インボイス制度が始まった現在は、**消費税の適用税率や消費税額、登録番号等を付した適格請求書を発行する**ことが求められるようになったため、これに適合した請求書を毎月発行しています。

当社はインボイス制度に加え**電子帳簿保存法に適合していくため、契約書や請求書をオンライン化**し、紙面での締結・発行はなくしました（開業したての頃は、Excelで見よう見まねで請求書を手づくりしていたものです。もちろん、それでも十分足ります）。

インボイス制度適用の請求書記載ルール

適格請求書

① 適格請求書発行事業者の氏名又は名称及び登録番号
② 取引年月日
③ 取引内容（軽減税率の対象品目である旨）
④ 税率ごとに区分して合計した対価の額（税抜き又は税込み）及び適用税率
⑤ 税率ごとに区分した消費税額等※
⑥ 書類の交付を受ける事業者の氏名又は名称

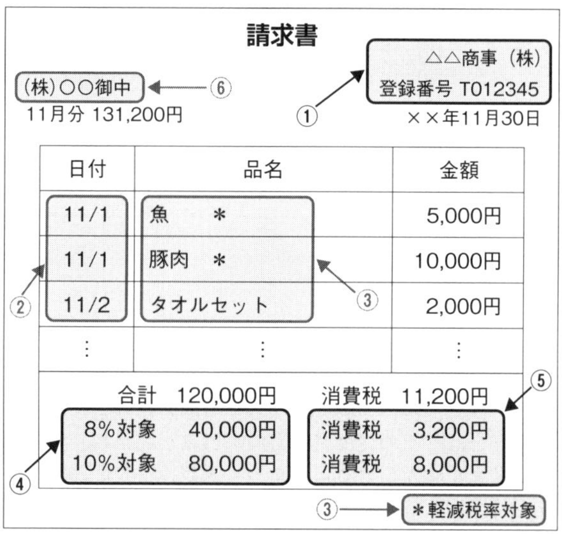

請求書
(株)○○御中
⑥
11月分 131,200円
①
△△商事（株）
登録番号 T012345
××年11月30日
日付
品名
金額
11/1
魚 ＊
5,000円
11/1
豚肉 ＊
10,000円
11/2
タオルセット
2,000円
②
③
合計 120,000円
消費税 11,200円
⑤
8%対象 40,000円
10%対象 80,000円
④
消費税 3,200円
消費税 8,000円
③
＊軽減税率対象

出所：国税庁HP「適格請求書等保存方式の概要 ―インボイス制度の理解のために―」をもとに作成

CHAPTER 4

03 契約成立後の打合せで行うこと

お客様から預からなければならない資料を押さえよう

契約が成立したら、次に行うべきは、お客様から必要な資料をお預かりするためのアポイントメントを取ることです。

組織図、事業案内、経営計画書、就業規則及び付属規程一式、労働者名簿、賃金台帳、出勤簿、その他人事労務にまつわる社内規程などになりますが、当社では「ご契約の際にご用意いただくもの」という案内を事前にお送りしています。

契約時にお預かりする資料の案内の例

顧問契約
ご契約の際にご用意いただくもの

ご契約の際は
以下の書類をご準備ください

※契約内容によって、必要な書類が変わることがございます。
必ず事前にご相談内容を弊社にお知らせください。

1. 就業規則一式
2. 賃金規程
3. 退職金規程
4. その他規程
5. 労働条件通知書、雇用契約書
6. 賃金台帳(直近3か月分)
7. 出勤簿、勤怠データ(直近3か月分)
8. 会社カレンダー
9. 36協定(控)
10. 変形労働時間制に関する協定届(控)
11. その他、労使協定(控)

✓私が「決算書」と「登記簿謄本」の提示を求める理由

私は契約締結後の初回の打合せの際、**決算書**と**登記簿謄本**も見せてもらうようにしています。

決算書は、「私がマジマジと見る」というより、社長に対して直近の売上高・粗利高・営業利益・経常利益・労務費などを尋ねるので、社長が見ている場面を思い浮かべるとよいかもしれません。

粗利高を所属する従業員数で割り戻せば、１人当たり粗利高が出てきます。労務比率も計算できます。その数値自体に優劣や合格基準があるものではないのですが、**「貴社の計画（理想）と実態はどの程度、一致していますか？」**と問いかけることをきっかけに、人事労務上の課題を明確にしたり、働き方を改革していく社内施策のヒントを獲得したりしています。

登記簿謄本からは、**役員構成**、さらに**株主構成**もヒアリングします。これは**会社の将来に目を向けてもらうのに有効な問いかけ**です。

いずれ社長も会社をバトンタッチする日がきます。それはいつなのか？　候補者はいるのか？　いないなら育てるのか？　外部から採用したり、親族を引っ張ってくるのか？　といったことをイメージしてもらうと、**「自分が退任したあとの未来にバトンをつなげられるように職場づくりをしていこう」**という意欲がわいてくるのです。

もっとも、開業したばかりの頃の私は、顧問先となった企業経営者の方に、決算書や登記簿謄本はおろか、労働者名簿、賃金台帳、出勤簿のいわゆる法定三帳簿さえ「見せてください」といえない小心者だったのです（案内ツールに語らせることで、勇気を持って見せてくださいといえるようになったのです）。

CHAPTER 4

04 顧問契約のほかに「オプション」も開発する

「顧問料の範囲でできない内容」も可視化しよう

さて、ここまでで契約締結前後のイメージは具体的になりましたか？　CHAPTER 2で掘り下げた自分の強み、これを具体的に表現していく――、それがこのCHAPTER 4で取り組んでいただくことです。

ここからは“プラスアルファ”の取り組みに入っていきます。

多くの社労士が基本サービスとして持っている「顧問契約」のほかに、**「オプションとなるサービス」も開発していきましょう**。

当社では、基本サービスとなる顧問契約については、「中小企業向け」と「大企業向け」の2系統に分けて、パートナーサービスとして位置づけ、そのサービスの中で何を提供するのかを明確に定義づけています。

さらに、基本サービスを契約いただいていることを前提条件として提供するオプションサービスを、「エージェントサービス」（いわゆる手続き給与計算代行業務）と、「エデュケーションサービス」（社内研修の提供）、コンサルティングサービスとして区分けし、それぞれに値付けをしています。

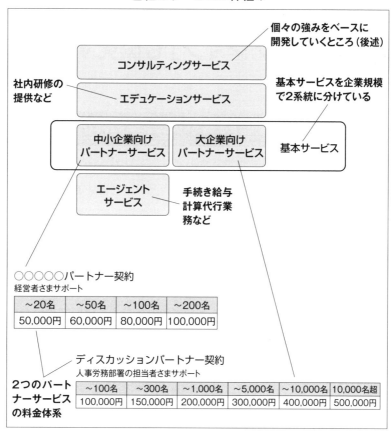

当社のサービスの枠組み

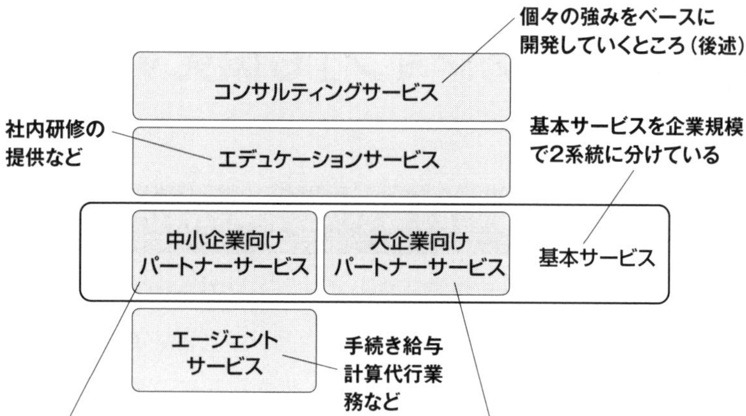

○○○○○パートナー契約
経営者さまサポート

～20名	～50名	～100名	～200名
50,000円	60,000円	80,000円	100,000円

ディスカッションパートナー契約
人事労務部署の担当者さまサポート

2つのパートナーサービスの料金体系

～100名	～300名	～1,000名	～5,000名	～10,000名	10,000名超
100,000円	150,000円	200,000円	300,000円	400,000円	500,000円

こういった可視化を行っていかないと、顧問契約しているお客様**企業から、人にまつわるすべてのことを顧問料の範囲内で実施してもらえるものだと誤解されてしまいかねません**。

CHAPTER 4

05 サービス開発をどう進めていくか

人事労務の課題は瞬間的に解決するものではない

ここからは、とりわけコンサルティングサービスの開発について、実体験も踏まえて、そのプロセスを紹介したいと思います。

顧問契約を交わした企業に日常的に対応していく過程で、私は**「日々の労務相談に対応していくことのみで、顧問先企業の未来がよりよくなることはない」**と確信するようになりました。

目の前の顧問先企業が抱える人事労務の課題を解決し、よい会社を、もっとよくすることができないものか――。ずっとずっと考え続けていくなかで開発したのが、「12か月コンサルティング」とネーミングしたコンサルティングメニューです。

このサービスは、12か月かけて自社の人事労務に関する課題を解決する社内施策を決定し、実行に向かっていくためのプログラムです。プログラムといっても、各回に実施する内容が固定されているものではなく、個々の職場のニーズに応じて組み立てることができるようになっています。固定されている条件は次の3つだけです。

- 社長と幹部と人事総務の担当者が参加するプログラムとする
- 未来12回分のスケジュールを先に確保する
- 12回のコンサルティングでは各回、宿題が出されるじつはこの商品、フレンチレストランでメニューを見ている時に思いついたものです。前菜・メインディッシュ・デザートを選択肢から選び、自分好みのメニューにする**「枠組みだけが決まっているコース」**があると思います。このメニューを見ていた時に、「これだ！　これは使える！」と天からアイデアが下りてきたのです。

各企業が抱えている課題や取り組みたいテーマは異なりますから、それぞれのニーズを受け取るコンサルティングを提供したい。ところが、**完全オーダーメイドにしてしまうと値付けが至難の技**になり、企業ごとの**個別性が高いため、再現性も低くなります**。

当社は代表の私だけでなく、他の社員もサービスが提供できることを主眼として商品開発をするので、この点を踏まえても、「なんとかして提供するサービスのスペック（仕様）をつくりたい」と常に考えていたのです。

「まず枠組みの仕様が完成されているサービスをつくればいいのだ！」ということで一気に商品化を進めていき、「12か月コンサルティング」と名づけた商品は大ヒットしたのです（現在も代表商品の１つです）。

ちなみに、レストランのメニューには、選択肢の中から自分で選べるコースのほか、「シェフのお任せコース」など、**プロに委ねるコース**もありますよね。こちらの構成も真似して商品化を進め、「12か月コンサルティング」の商品群に加えました。

具体的には、「人事評価制度策定プログラム」「同一労働同一賃金適正化プログラム」等がそれに当たり、こちらについては企業が好きなメニューを決めるような形式ではなく、各回に取り組むプログラム内容を当社で確定させていきます。

12か月コンサルティングの一例（人事評価制度の策定支援）

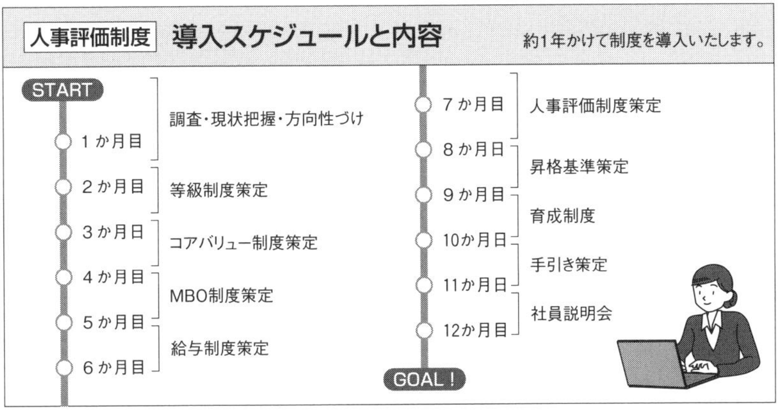

コンサルティングは仮説と検証の繰り返し

「顧問契約での関わりだけでは、未来はよくならない」と確信した私は、企業との向き合い方を変えることにしました。**「顧問先企業の重要人物にコミットメントしてもらい、じっくり取り組む」**という「型」をコンサルティングと名づけ、「未来をよくするための時間」を確保してもらうことにしたのです。

コンサルティングの基本の型

あくまで持論の展開となりますが、社労士が担う領域のコンサルティングの中身は、上図のような「型」に表現できるという、一定の解を自分なりに導き出しました。

社労士が担う人事労務分野のコンサルティングとは、課題解決に導くために、現状把握と改善提案という「仮説立て」と、実施に基づく検証を促しながら理想に置いた状況に近づけていく営みです。

そうすると取り扱うテーマは多岐にわたり、受注に向けた商談はケースバイケースになってしまいます。個別性と抽象度の高い「雲をつかむような状態」での受注行為は、安定性を欠くでしょう。

スペック化で求められる４つの視点

1. 対象者は誰か?
2. 何回で提供するか?
3. いくらで提供するか?
4. 何を取り扱うか?

そこで前述した、スペック（仕様）がある程度、定まっている「12か月コンサルティング」という枠組みが生きてくるのです。

読者の皆さんも、コンサルティング商品を開発・提案・受注するにあたっては、図表中の**４点を「スペック化」**してみましょう。

CHAPTER 4

06 顧問契約とコンサルサービスの価値を整理する

社労士は第１象限と第２象限を担おう

●プライオリティマネジメントのフレームワークを押さえる

皆さんは**プライオリティマネジメント**という言葉を聞いたことがあるでしょうか。ここでは、そのフレームワークを紹介します。

社労士が行う仕事は多岐にわたります。助成金申請代行、労働社会保険適用関係手続き代行、同給付申請代行、給与計算代行、就業規則策定代行、労使紛争解決など。こうした多岐にわたる業務を、下図の４つに区分して考えてみます。

プライオリティマネジメントのフレームワーク

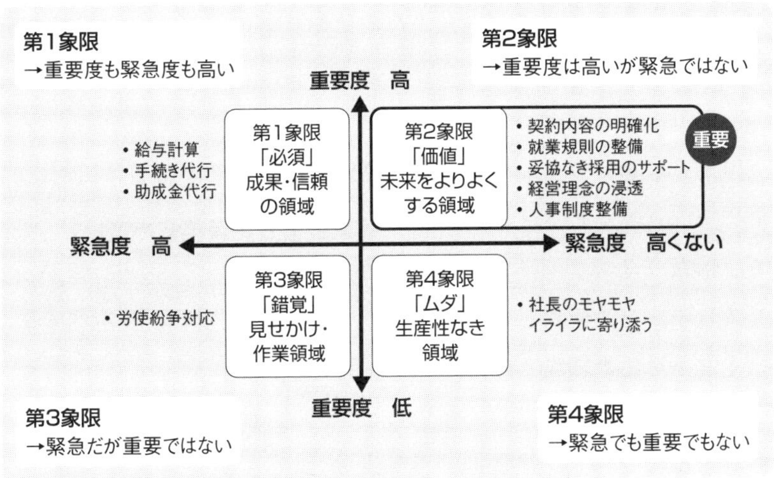

●第１象限…必須

第１象限は**「必須」の領域といわれます**。

絶対やらなければならない仕事であり、それが失われると信頼を損ねますし、成果も得られません。具体的には、**36協定の締結と届出、労働基準法15条による労働条件明示、許認可申請代行・労働社会保険諸法令に基づく手続き代行・給与計算代行、常用労働者が10人に至ったために行われる就業規則策定**などです。

お客様が求めていることは、「本業に専念するため、社内で必須の業務を専門家に安心して委託したい。なるべくスピーディかつ正確に、自分の手を煩わせずに業務遂行してほしい」といったものです。お客様からすれば、**価格は、なるべく安いほうがいい**。

ベンチャー企業の経営者をイメージするとわかりやすいです。当初は起業のきっかけとなったサービス・商品・技術に関することに時間を費やしますが、自社のサービス等が社会に貢献していく過程で人を雇い、事業規模が大きくなるにつれて、経営者の仕事は本業に打ち込むだけでは足りなくなります。

本業を最適にしていく営みを**事業経営**といいます。これに対し、事業を取り巻くヒト・カネ・情報（コンプライアンス含む）を最適にしていく営みを**企業経営**と呼びます。事業が社会に認められるにつれて、経営

事業経営と企業経営の違い

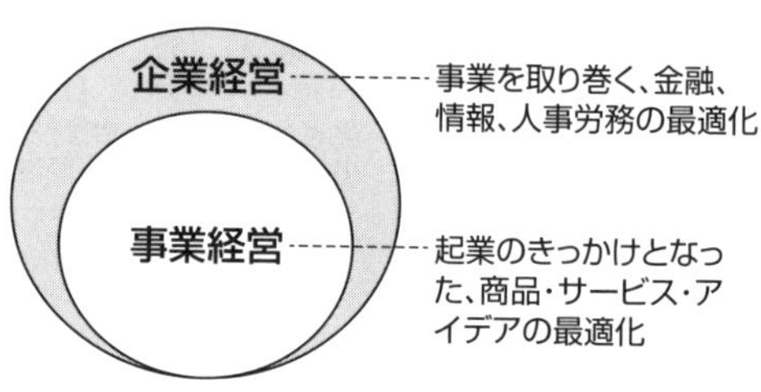

者の仕事の幅は広がっていくわけです。

このうち、ヒト＝人事労務にかかる企業経営の専門家こそ我々社労士であり、その中で欠かせない手続き・給与計算を専門家としてお引き受けしているものです。

●第２象限…価値

第２象限は**「価値」の領域**といわれます。

未来をよりよくするために行われる取り組みです。

理念浸透のワークショップ、人事評価制度整備、就業規則改定、雇用契約の明確化などが該当しますし、広く私たち社会保険労務士が取り扱う**「働き方改革・働きがい改革」にまつわるコンサルティング・プロジェクト**も、これにあたるものです。

"事業の健全な発達と労働者等の福祉の向上に資することを目的とする"とは、我ら社会保険労務士法の目的条文に掲げられている社労士の存在意義ですが、企業経営者が「もっと会社をよくしたい！」と願う時、それを人事労務分野から強力にサポートするのが社労士です。

●第３象限…錯覚

第３象限は**「錯覚」の領域**といわれます。

緊急性が高いので目前の時間が奪われるけれど、何の価値も生まない重要度が低いこと――、意外に思われるかもしれませんが、**労使紛争の解決**は、これに該当します。

外部労組＝ユニオンとの団体交渉への参加、労働審判への対応、職場内で発生した種々の労使間トラブルの解決には、膨大な時間がかかり、また、放置しておくことはできないので緊急性が高いものといえます。

顧問先がこのような事態に陥った場合、社労士は現場に入り、当事者それぞれの言い分を聞き、専門家として持ち得ている法律情報を提供することで解決の糸口を探る役割を担うことになります。私も実際に数多くの現場に立ち会った経験があります。

第3象限の事件が多発する企業から、社労士は重宝がられます。社労士や特定社労士として獲得した専門力を存分に発揮することができるので、やりがいのある仕事かもしれません（実際、私は大好きな仕事であったりします）。

しかしながら、第3象限に区分されるような仕事について、マネジメントの父として知られるピーター・ドラッカーは「錯覚」だと説明しています。

●第4象限…ムダ

第4象限は**「ムダ」の領域**です。**社長の愚痴を聞いて一緒になって社会批判する時間**、**顧問契約を切られるのが怖くて深夜まで飲み歩くのに付き合う時間**、挙句の果てに**二日酔いになってつぶれている時間**。これらはすべて「ムダ」です。

無目的にSNSでヒマつぶしをしている時間、**行動せずモジモジ悩んでいる時間**、**憶測・勘ぐりで「あーでもない、こーでもない」の思考をこねくり回している時間**、これもムダです。

わたしは顧問先の経営者には「落ち込んで、想像しては悩んでいることも、何かの役に立つなら大いにしてください。何の役にも立たないなら3秒で切り上げてください」とニッコリニコニコ笑顔でグサリと伝えています。

◇

さて、長々と書きましたが、高付加価値の値付けができる領域は、そうです。第2象限なのです。

第1象限は「なるべく安いほうが助かる」と企業は考えています。某外食チェーンの牛丼と同じ立ち位置です。

でも、企業をよりよく成長させたい、次のステージに入っていきたいという時には、それにふさわしい価値を提供してくれる社労士に投資したいもの。安売り社労士はいりません。プロポーズをする“ここぞというディナー”は、それにふさわしいシチュエーションのレストランが選ばれるはずですよね。

「第2象限のために時間とお金を使ってください」

取引する企業には、このメッセージを伝えていきましょう。

そして、顧問契約のうち、第1象限のサービスは何か、第2象限のサービスは何か、第3象限のサービスは何かを自分なりに言語化してみましょう（第4象限もサービスにするなら、これも言語化してみましょう）。

言語化といっても、難しく考える必要はありません。**料金表をつくること、**これに尽きます。牛丼も、高級レストランのフルコースも、価格が明示されていなければ、お客様は意思決定をできないのです。“明朗会計”を目指しましょう。

コラム

社労士が顧問先企業に提供するベネフィットとは

顧問社労士がいることで企業が得られる恩恵や利益（ベネフィット）とは何でしょうか。「自社にとって、どんないいことがあるのか」を決めるのは企業かもしれませんが、**私たち社労士のほうから顧問先企業に「こんな恩恵がありますよ」とガイドしてあげたほうが親切**だと私は考えています。

右下図をご覧ください。これはよい会社づくりの３ステップを示したものです。とかく社労士は、「就業規則の策定」や「人事評価制度の策定」といった「仕組み化」に意識を持っていきがちですが、じつはその手前に取り組むべきことがあり、そこが企業への恩恵につながっているのです。

そもそも「社労士が顧問についている」ということは、**「社員を大切にしている」という経営姿勢を示す行動**といえます。

しかし、そこに気づける社員は、ほぼいません。そこで私は、顧問先企業の社長に「早期に社員勉強会をやりましょう」と提案し、その場に立ち会うことがよくあります。そして、社員の方々を前に、私はこんなことを話します。

よい会社づくりのステップ

「皆さんのために、よりよい職場づくりをしていこうと社長は決断されました、その社長の想いを形にするために私は仕えますから、皆さんも力を貸してくださいね！」。その様子を見た社長は必ず喜んでくださいます。

●立場が違う者同士をつなぐ役割を担っている社労士

また、社長にとって社労士は、自分に代わっていいづらいことを社員に伝える“ボイスチェンジ機能”の役割を果たすことがあります。これは「古参社員を注意する」といったネガティブな内容のメッセンジャーになることもあれば、社長が伝えると野暮になることを伝える場合もあります。

前者の例の１つに、「不平不満の“一般化”」があります。

以前、社員勉強会の場で、私はある従業員にこんな質問をされました。

「ある日突然、社長に呼び出されて『来月から総務に異動だ』といわれました。入社以来、営業一筋でやってきたのに、おかしいですよね？」

私は、うんうんと頷きながら話を聞き、「なるほどね」と受け止めつつ、「それは、おかしなことではなく一般的なことですね。御社でも取引のある○○信用金庫さんは、配置転換の社内辞令は５日前に出されるルールでやっていますよ。『来月から』や『来週から』っていうのも、**世間ではふつうに行われていることで、おかしなことではありません**」とお答えしました（なお、2024年４月以降は法改正により労働契約の締結時に業務の変更の範囲を明示することが義務化されました）。

後日、同社の副社長から感謝されました。当該社員の不満が募っていたところに、外部専門家が一般化（特殊なことではないと現実を伝える）したことで納得感が生まれたようでした。「我が社の常識は世間の非常識のケースもある」、こうした点を指摘できるのは、数々の企業の事例を知っている社労士ならではの価値です。

今度は後者の例です。

就業規則の改定は、経営者から「社員の働きがいを高められるように」と依頼を受けて実行されるケースが多いですが、そうした親心のような思いを汲み取ることができる社員はほとんどいません。これは実の親子でもよくあるのかもしれませんが、「助け合っているのに通じ合えていない」と感じる場面でもあります。

こういった時も我々社労士の出番です。就業規則の改定の説明会で、私は必ず最後に一言、社員の皆さんにこうお伝えしています。

「忙しい合間をぬって、社長は何度も社労士事務所に足を運び、就業規則改定に向けた話し合いを重ねてきました。社長は終始一貫して、『どうやったら、うちの社員がもっと働きがいを高めることができるか？』『どうやったら、うちの社員がもっと豊かな職業人生を送ることができるか？』と追い求めていたことが印象的です。**できあがった就業規則は、社長から皆さんへの愛情が込められている**のです」

後日、就業規則改定の説明会に対するアンケートを読んでも、「普段は厳しいことばかりいう社長の、知らない面を知ることができたのが印象的でした」といった感想が寄せられ、労使の絆を強固にするお手伝いができたことを実感します。

●時に通訳の役割を果たすことも

そのほか、わかり合えない当事者間に、架け橋となるように割って入る役割を果たすこともあります。

例えば、「先代社長から現社長」「現社長から次期社長」など、創業の精神を**伝えられないケース**はよくあります。それが血の通った親子であったとしても、**「恥ずかしくて今さらいえない」**と話すケースも少なくありません。そこでも社労士の出番があります。

また、経営会議に社労士が出席し、**議論が紛糾した際に交通整理**をしたり、逆に議論が活性化しない**状況を打破する問いを投げかける**場合もあります。会議が円滑に進まず経営の意思決定が下せないことで悩んでいる経営者は意外にも多いというのが私の肌感覚です。

さらに、行政と経営者の間に入って架け橋となるケースがあります。臨検監督、社会保険適用調査などの行政による調査指導の現場では、労働基準監督官が伝えたいことが経営者に伝わらなかったり、その逆のパターンも起こります。両者が前提としている考えが異なることが原因ですが、**法令と経営現場をよく知る社労士が、双方にわかりやすく伝わる言葉に置き替えて通訳する**こともできるのです。

社労士の仕事は「仕組みづくり」ではなく、「よい会社づくり」です。私たちが伝える言葉で「ああ、そうなのか！」という納得感をつくり、共感を得て、そこではじめて「仕組み」が生きるようにする——。社労士が顧客に届けるベネフィットは、無限大の可能性があります。

事例1

私が顧問先に提供しているサービス&ベネフィット
小さな会社向けにシンプルなツールを提案（榎本 あつし 氏）

私は、**「A4一枚評価制度」**（運用に手間のかからないA4一枚の人事評価制度）や**「会社ルールブック」**（就業規則とは異なる、平易な言葉で記載された手帳サイズのルールブック）という、小さな会社向けのシンプルなツールを導入するサービスを提供しています。

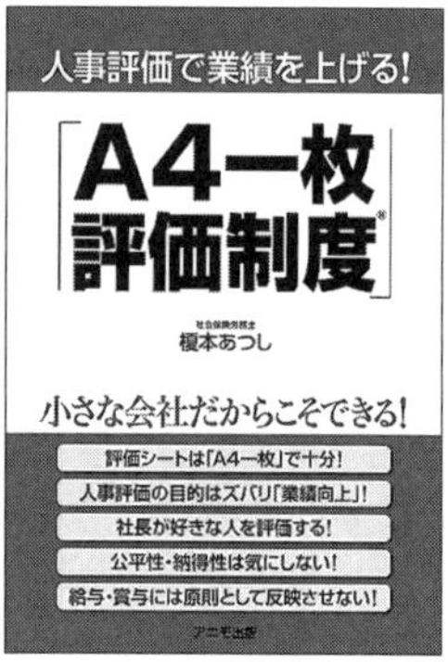

人事評価で業績を上げる!
「A4一枚評価制度」
榎本あつし
小さな会社だからこそできる!
評価シートは「A4一枚」で十分!
人事評価の目的はズバリ「業績向上」!
社長が好きな人を評価する!
公平性・納得性は気にしない!
給与・賞与には原則として反映させない!
アニモ出版

『人事評価で業績を上げる！「Ａ４一枚評価制度」』（アニモ出版）

これらサービスの開発・提供で大事にしていることは**「現実的である」**という点です。

私たちの周りには、未来に向けて「大きな理想や志を持つ経営者」だけではなく、「目前にある社内の課題を何とかしたい経営者」もいます。

私は後者のお客様が経営する小さな会社を中心に、課題の解決や、組織のよりよい向上のために、**社員の「現実的な行動」を変えていく取り組み**にこだわってコンサルティングをしているのです。

いわゆる中小零細企業向けに、こうしたサービスを提供することを考えるようになったのは、私自身の社労士になった過程が影響しているかもしれません。

私は大学卒業後、フリーターをしていましたが、結婚を機に、住宅営業をする会社に正社員で就職。しかし、そこで見た風景は、成績不振に陥った先輩が次々と退社していく現実でした。この現実から抜け出したくて、わらをもつかむ思いで見つけたのが社労士の資格です。

試験勉強を始めた頃の私に、「社労士になって世の中をよくしていこう」といった理想や使命はほとんどありませんでした。

それでも、社労士の資格取得後、自分がつくったツールで顧問先の課題が解決し、感謝される体験をすると、この仕事をすることが「やりがい」になっていきました。

「現実から逃げたい」といった、壮大な志のようなものとは一線を画すネガティブな願いが起点であったとしても、現実的な行動で物事を好転させることができる――、そうした体験をした自分だからこそ、今のようなサービスを開発・提供できたような気がします。

CHAPTER 4

07 「お願いします」と求められる社労士になるために

「先生」ゆえに営業で悩む社労士は多い

社労士を含めた士業は「営業」で悩む方が多いです。なぜなら、いい意味で**「先生」でなければならないため、営業がやりづらい**のです。

お客様が我々専門家の存在に一目を置き、そこで初めて助言を受け取ってもらえるようになります。**いかに顧客のほうから「お願いします」と求められて契約に至るかが重要なファクター**です。

社労士が経営者にとっての「先生」であれば、経営者は社労士の助言を尊重し、現場への落とし込みを励行しますから、目指したような結果が出ます。「この人のアドバイスを大事にしよう」という心構えで取り組みますから、「些細な解釈の違いでクレームをつけてくる」といったことも起こりません。

しかし、出会って即、「この人のアドバイスを尊重しよう」と手放しに信じ込む経営者は世の中にほとんど存在しないものです。そこをはき違えた社労士は、売り込むことだけしか考えていない営業パーソンと同じようなやり方で、「助成金はいりませんか？」という類の営業をします。これはいただけません。

「先生」としての信頼の輪ををどう広げていくか

では、どうやったら先方から「お願いします」がくるのか、というと、**手っ取り早いのは紹介**です。

顧問契約をいただいている経営者から信頼を獲得していれば、別の経営者を必ず紹介してくれるようになります。

税理士からの紹介も大きいです。

昨今は労働社会保険諸法令の複雑怪奇な改正が目まぐるしく、かつ、「こうして、こうして、こうすればいいですよ」と簡単に答えが出るようなテーマが減り、選択肢が多様になっています。

税理士は、お金まわりを中心に、社長から幅広いテーマの経営相談を受けることが多いですが、労働社会保険諸法令に関することは、税理士が本業の合間に対応できる域をとっくに超えています。

そのほか、**外部セミナーに登壇**して信頼を蓄積していくのも一案です。ただし、これは講師としての力量が備わってからになるでしょう。その域に到達するまでに時間を要しますが、場数を重ねれば受講者の所属企業からオファーがくるようになります。

あとは、**交流会**や**勉強会**に積極的に顔を出して、自分の人柄を知ってもらうことも大切です。

意気の合う社長の仲間の会社で困りごとがあった時に相談にのってあげるまで３〜５年はかかるかもしれませんが、そこからは評判が評判を呼んで一気に拡張します。

バカにできないのは**地元の社労士会**での活動です。

社労士会のトップで活躍されている先生方は、日常的に多方面から「推薦」を求められています。「この業種で、こういった相談を受けているが、適任の社労士さんは誰だろう」など。そこで推薦されるのは誰かというと、やはり社労士会での活動をしている方にアドバンテージがあります。

そんなこんなで、「この社労士さんは信頼できるよ」と紹介を受けた経営者の方が向こうから「お願いします」とやってくるわけです。「信頼できる社労士さんだよ」と紹介してもらったのであれば、何が何でも「信頼できる社労士」になるしかないですよね。

見栄も「3年」張れば実力になる——、これは私が学生時代に出会った、ある経営者の方の口癖でした。いい意味で見栄を張る、自分の可能性を大きく見る、ということを、私は開業当初、心がけていました（というよりも、自信がなさ過ぎて、せめてそうすることしか自分にはできなかったのが正直なところですが）。

自社の「商品」を紹介してもらえるように導線をつくる

現在、当社では**「商品」の紹介が発生する導線**を意図的につくり込んでいます。

かつて、「安中さんという信頼できる社労士さんがいるよ」という紹介のされ方だったところから脱却し、「法人」への信頼が増すように仕向けた時期を経て、現在は**「○○という商品は信頼できると」**といった紹介が発生するようにしたのです。

「商品」の紹介が発生する導線のあらまし

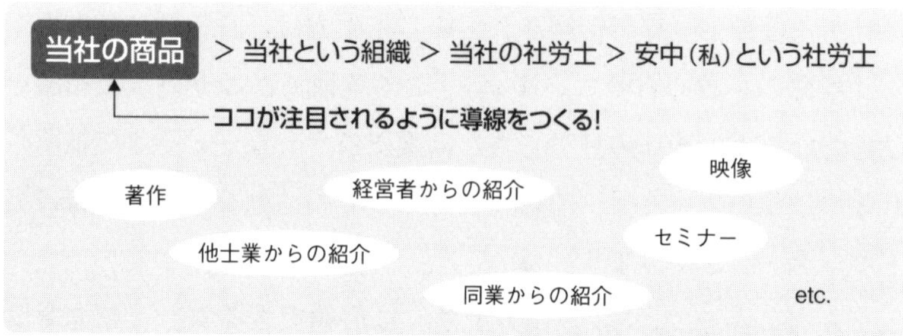

181ページでも紹介した「12か月コンサルティング」も、その一例です。「12か月コンサルティング」で人事評価制度の策定支援を受けた経営者の方が、仲間の経営者の方に口コミをして当社にたどり着く……という導線になります（今、振り返れば、「開業当社から、そこを目指しておけばよかったなぁ」とも思いますが）。

この時、ポイントとなるのが、**紹介してくれる方（紹介元）に対して、「当社を紹介しやすい状況」を整えておくこと**です。

特に171ページで解説した**「料金表」は重要なツール**です。作成したら、税理士等の他士業の方や、金融機関の担当者に案内しましょう。じつはコレ、私の必勝パターンです。これまでに「料金表を改定しました」というタイトルのメールを何通送ってきたことか！

経営者からの紹介を生み出しやすくする仕組み

そのほか、経営者の方からの紹介を生み出しやすくする仕組みとして、月に１回、**オンラインで顧問先同士の交流会**「ZOOM deMeet」を開催しています。**リアルイベント**も、ゴルフコンペやビアガーデ

当社が紹介者を増やすために行っている主な取り組み

料金の改定	他士業や金融機関へ案内を送るため
ZOOM deMeet	経営者仲間を誘導してもらうため
無料相談会	相談会に参加してもらうため
SNSやHP、メルマガでの発信	当社の名前を思い出してもらうため
専門分野の設定	「○○を頼む」と明確にいってもらうため
経営者イベントの開催	顧問先同士をつなげるコミュニティづくりのため

ン企画、小旅行など、バラエティ豊かに行っています。

セミナー登壇した際には「本セミナー参加者様に限り」として、**無料相談会**をセットします。

SNSなどでの発信も意識的に行っています。「○○の分野ならドリサポさんだ！」というように、社名を思い出してもらえるように発信を定期的に行っています。

駆け出しで実績のない社労士の方は「今の自分と大違いだ……」としょんぼりしてしまったかもしれませんが、心配ご無用です。経営者は「頑張る人」を応援したくなる生き物です。何の実績もない20代で無鉄砲に開業した若かりし頃の私にも、「そんなにがむしゃらに頑張ってるなら、いっちょ、顧問契約してあげようか」という心意気の社長さんが何人も私の可能性に賭けてくれたのです。

とはいえ、「頑張っている人なら誰でもいいんだ！」というと、そうでもないのです。「国家資格者たる社会保険労務士の〈先生〉である」というその肩書が、頑張る私たちを後押ししてくれているのです。

コラム

「らしさ」を活かした未来をつくる職業、それが社労士

山形県の北の外れで生まれ育った私を育んでくれた父母。母は働く女性のロールモデル、眩しく輝く女性でした。父は、自宅の和室で寺子屋のような小さな塾を営んでいました。

いつも家にいる父を、子どもの頃の私は尊敬していなかった。今思えば、愛する妻・娘を幸せにしたいと願い、自宅になるべくいられる職業を選択した父だったのに、です。

「外で働くのは男、家を守るのは女」と相場が決まっていた頃の話ですから、父は不甲斐ない思いを、たくさんしたことでしょう。娘から向けられた軽蔑の眼差しが、その最たるものだったはずです。

今、私は、あらゆる人がその人の「らしさ」を活かして生き方・働き方を選択でき、その選択が尊重される世の中づくりに邁進しています。**今は亡き父が見たかった“未来”を私がつくっている**——、そんな実感を持つことができるのは「**社労士**」という職業に備わっている役割とやりがいのおかげです。

事例2

私が顧問先に提供しているサービス＆ベネフィット
「ハローワーク採用支援」を事務所の強みにした背景（五十川 将史 氏）

現在、**「日本唯一のハローワーク求人専門社労士」**として活動している私ですが、開業当時からハローワーク採用を専門としていたわけではありません。

岐阜県可児市という人口10万人ほどの地方都市で開業するにあたっては、自分の知識や業務を専門特化した社労士ではなく、「幅広い知識をベースに多くの業務に総合対応ができる社労士を目指すのが定石だろう」と考えていました。

そんな考えに変化が出てきたのは、スポットでハローワーク採用について相談のご依頼をいただいた時からになります。

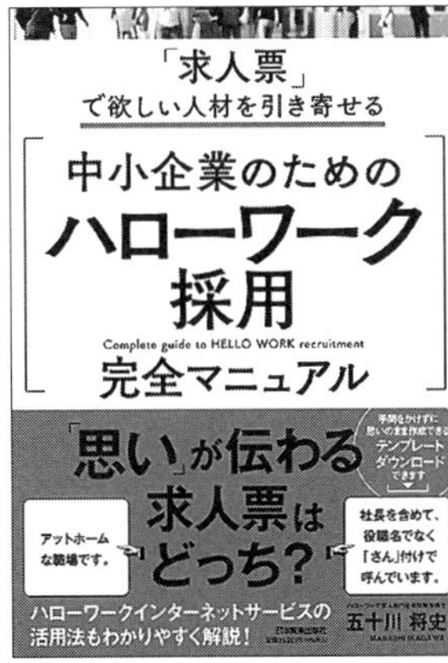

『「求人票」で欲しい人材を引き寄せる**中小企業のための「ハローワーク採用」**完全マニュアル』（日本実業出版社）

私は社労士として独立開業する直前まで、**地元のハローワークで非常勤職員として勤務**していました。そのため、ご相談いただいた経営者の方に対して、その時、私がアドバイスした内容は、**「ハローワークで働いていた人にとっては当たり前の情報」**でした。

そもそもハローワークでの私の身分は非正規職員でしたし、３年弱という短い期間しかハローワークで働いていませんでした。個人的には、「私の経験や知識には大した価値がない」と思っていたところ、意外なことに、ご相談いただいた経営者の方は思いのほか喜び、報酬までいただけてしまったのです。

「お話しした内容ならハローワークに行けばタダで教えてもらえるのに……」と思いながらも、ハローワークで働いていた当時の自分自身を振り返ると、「確かに、行政窓口での限られた時間の中では、ここまできめ細やかに対応できていなかったな」と反省したものです。

行政機関の手が回らない業務の中で、お客様からのニーズが高く、自分自身の経験や社労士資格を活かせることが「ハローワーク採用支援だ」と確信し、その後、当所サービスの中心になっています。

あなたが顧問先に提供したい
サービス＆ベネフィットを考えてみよう！

記入日：　　　年　　月　　日

CHAPTER 5

ぶれない経営に必要なマインドセット

下田 直人

CHAPTER 5

01 開業とは「自由」である。だからこそぶれやすい

思うがままに選択できることで人は思い悩む

これから開業される方の多くが、以前は会社員として働いていたと思います。

会社員というのは、会社から指示が出され、指示どおりの仕事をすることになります。管理職などで、ある程度裁量があったとしても、会社には経営計画があるため、計画に基づいてやるべきことが決まり、その範囲内で自分の裁量を発揮していく――、そのようなスタイルであったはずです。

しかし、開業すると、これがまったく異なってきます。

やることはすべて自分の自由です。誰かに指示をされ、「これをやらなければいけない」「あれをしなければならない」というものは、何もありません。

どんな仕事をするのか、どの規模でやるのか、どの地域でやるのか……、すべて自分で決めることができます。

しかし、この**「すべて自由」がクセモノ**です。

人にとって自由ほど困るものはありません。何もかも好きに選択できる、それがかえって何をやっていいかわからなくさせてしまいます。そして、「社労士業界のトレンドは○○だから○○事業をや

ってみよう」「儲かりそうな△△分野に進出してみよう」と、近視眼的に開業してしまうことになるのです。

トレンドばかり追いかける事務所の末路

このように開業し、事業を展開することを、私はおすすめしません。トレンドは当然、変わっていくからです。時代の趨勢ばかり追いかけていると事務所経営がぶれて、安定しないものとなります。

「安定しない」のは、経済的なものだけではありません。

多くの社会保険労務士が個人事業主です。法人の形態をとっていたとしても、個人事業主またはそれに近いような状態で経営をしています。職員数が10人、多くても20人、30人という事務所です。

そうすると、経済的な安定と同じくらい、自分自身の精神的な安定が大切になってきます。なぜなら、我々が個人事業主として独立したのは、お金のためだけではないからです。

おそらく多くの方が「健康で幸せな生活を送りたい」、そう思われているはずです。そういった場合に、**自分の中の軸がないと、心がぶれる**のです。

仮に、トレンドを追いかけた事務所経営で儲かることがあったとしても、精神が安定せず、不安でいっぱいの日々を過ごすようになります。「次のトレンドは何か？　それに自分はうまく合わせることができるのか……」という気持ちが襲ってくるからです。

あるいは、事務所が一定の規模まで拡大すると、燃え尽きてしまい、何もやる気がわかなくなってしまいます。

大義が「ぶれない心」をつくる

私の周囲でも、一見、社会保険労務士として成功しているかのような人でも、内面はこうした不安定な気持ちでいっぱいになっている人が結構います。

そうならないためには「ぶれない軸」が必要です。

つまり、**この仕事をやる意味を明確にすることが重要**なのです。

自分は何のためにこの仕事をやるのか、最初に自分を奮い立たせる意味を明確にしておく。しかも、その意味は目先の私欲のことだけではなく、世のため人のためになるような大義が必要です。

そして、その大義が大きければ大きいほど、いい。意外に思われるかもしれませんが、大義になるほど人の心はぶれにくいのです。

例えば、「顧問先企業の経営者のためになる」より、「顧問先の経営者はもちろん、そこで働く人も含めた関わる人すべてのためになる」のほうがいいですし、さらにそれを膨らませていって、社会のための大義、日本という国のための大義というふうに、大きく、大きく広げていくのがいいのです。

ただし、ここでの重要なポイントは、それが絵に描いた餅のようなものではなく、**自分自身が心の底から「それはやる意味がある」と思えるようなものであること**です。それを最初に練り上げることが大切だと考えます。

これを現代的な言葉でいい換えると**パーパス**になります。

CHAPTER 5

02 「やる気アップ」より「やる気が続く」が大切

あなたは何屋さんか？

パーパスとは**企業の存在意義**といわれています。その企業が何のために存在するのか、その意義を明確にしたものがパーパスです。

似たようなものに、経営理念やミッション、ビジョンなどがありますが（正確には少しずつ意味合いが異なります）、ここでは、その差を深く考えず、「会社が存在する意味」「仕事をする意味」を端的に言語化したものを「パーパス」ととらえてください。

昨今、多くの企業がパーパスの策定や改定に着手しています。

変化のスピードが速くなり、多様化した世の中では、絶対唯一の正解がなくなりました。多様化は自由ということでもあります。自由になった分、軸を決めておかないと、何をやってよいのかわからなくなってきます。そうした世界の中で、パーパスの策定や改定が企業で必要とされているのです。

まさに、会社員から社会保険労務士として独立する時も同じことがいえます。

パーパスをわかりやすくいい換えると**「あなたは何屋さんですか？」を明確にすること**です。皆さんはどう答えますか？

社会保険労務士事務所を始めたから「私は社会保険労務士屋さん」

ではありません。ここでは**「あなたは何のために仕事をしている人ですか？」**を問われていることになります。

飲食店をやっているのであれば、「飲食店の仕事を通じて、あなたは何を世の中に提供しているのですか?」への回答になります。
例えば、「私の料理で皆さんが笑顔になり、１日をニコニコ過ごしてもらいたいので、私は『笑顔を届ける人』です」などです。

皆さんは社会保険労務士の仕事で、何を世の中に届けるのでしょうか？

社会保険労務士を「手段」にすることでチャンスが拡大する

これは見方を変えれば、社会保険労務士業をすることが目的ではなく、社会保険労務士業は「何かを叶えるための一手段」になるということです。

社会保険労務士事務所を経営されている多くの方は、社会保険労務士業をやることが目的となっているように見受けられます。
しかし、これを手段にすると、視野はさらに広がっていくのです。
「社会保険労務士だからこういう業務をする」「社会保険労務士だから、こういうことはやらない」ではなく、ある目的のために使えるものは何でも使っていく。その中の１つとして「社会保険労務士」という資格がある、という発想になっていきます。

視野が広がっていくと、やることもたくさん出てきます。やることがたくさん出てくるということは、それだけビジネスのチャンスが広がっていくことでもあります。

これが、とても大事なのです。

意味を明確にすることで、「長期的にぶれない事務所」をつくることができます。

事務所経営の戦略としてはもちろん、**あなた個人のやる気の持続にとっても大事なこと**なのです。

一般的なビジネス開業本に載っていない大切なポイント

社会保険労務士の資格を取った後に、独立・開業をする人向けの、関連書籍を読まれた人もいるかもしれません。

この時、押さえてほしいのは、多くのビジネス書は「法人経営」を前提に解説されている点です。一方、社会保険労務士事務所を営む我々は、仮に法人の体を取っていたとしても、多くが数十人の職員がいる小所帯です。どこまでいっても**個人事業の領域**なのです。

それを否定しているのではありません。個人事業にとって大切なことは「事業主のやる気の持続」です。

「やる気アップ」ではなく、**「やる気が何十年と持続すること」が大切**なのです。

このことが多くのビジネス書では語られていません。「やる意味の明確化」は「やる気の持続」に大いに作用します。

CHAPTER 5

03 パーパスがもたらす5つの効果

なぜ社労士事務所の経営にパーパスが必要なのか

パーパスがあることによるメリットはたくさんありますが、主な効果は次の5つです。

①逆境を乗り越えられる
②人が集まる
③周囲の共感を得られる
④やる気が持続する
⑤視野が広がる

パーパスが
策定されている事務所と
そうでない事務所では
経営や心のぶれ方が
違ってきますよ

なぜ社労士事務所にもパーパスが必要なのか、ここで具体的に見ていくことにしましょう。

①逆境を乗り越えられる

開業当初は、仕事をやればやるほど事務所は成長していきます。ゼロからスタートするわけですから当然のことです。

しかし、事務所経営は順風満帆な時ばかりではありませんし、自身が体調を崩すなど、厳しい状況や不測の事態にも遭遇します。経営では、こうした逆境の時を切り抜けることが大事なのです。

順調な時、特にパーパスなどは必要ないかもしれません。何をやってもうまくいくので、精神的にも強気でいられますから、ぐいぐい前に進んでいくことができます。
しかし、やることなすことがうまくいかない逆境の時は、精神的に弱気で、視野も狭くなるため、新たなことにチャレンジすることはもちろん、正しい選択も取りにくくなっていきます。

そうした時のためにもパーパスがあります。自分が仕事をする意味が明確であれば、**原理原則に沿った行動・選択を取ることで、厳しい状況を最小限に留める**ことができます。
「自分はこの仕事を通してやり遂げたいことがある。今は苦しいかもしれないが、これを達成するためには、諦めるわけにはいかない」と自分を奮い立たせることができるのです。

私は社会保険労務士業界に20年以上いるため、様々な同業者を見てきました。以前は大活躍されていたのに、大口の顧問先の契約解除やスタッフの大量離職などを経験してやる気を失い、今は細々と事業をされている方を何人か知っています。活躍されていた当時、お話をしていても、そうした方から「仕事をやる意味」といったものを明確に感じられなかった記憶が私にはあります。

②人が集まる
開業当初は自分１人で始める方が多いものですが、事業が順調になるにつれて、人を雇用するようになります。

その際にパーパスは人を集めるキーとなってきます。世間から見れば零細企業である社会保険労務士事務所に、ネームバリューで人が集まってくることはありません。特に人不足の昨今であれば、なおさら相手にされないのが悲しい現実です。

そのような場合に、事務所の特徴を伝えるメッセージの内容は侮れません。勤務先の働きやすさや給与面は気になりますが、それにも増して重要なのが**事務所のあり方・考え方**です。

「この事務所で働くということは、どんな価値を世の中に提供することになるのか？」「その価値は、私の心を満たしてくれるものなのか？」「自分にとって『やる意味がある』と思えるものなのだろうか？」

この共感が得られるのかどうかが重要になってきます。特に1990年代半ば以降に生まれた若い世代の人たちは、その傾向が強いともいわれていますし、私自身もそれを実感しています。

パーパスを明らかにし、その内容に共感を得ることで事務所にマッチした人が集まってきます。

③周囲の共感を得られる

パーパスを明らかにすることで、事務所の存在意義に共感する外部の応援者は増えます。

そもそも、すべての人が共感してくれることはありません。しかし、パーパスを明らかにすることで、「どうせ社会保険労務士に頼むのであれば、価値観が合う○○事務所に頼もう」という**コアなファンが生まれ、仕事を紹介してくれる**などのプラスの影響を与えてくれるようになるのです。

ファンの人数は数名でも構いません。存在していることがとても大切です。

④やる気が持続する

事務所経営を継続させるポイントは、**「短期的な高いやる気」より「やる気の持続」**です。仮に40歳で独立して65歳まで事務所経営をするとすれば、25年間、やる気を持続させる必要があります。新たな学びを怠ったり、サービスの改善や従業員教育への注力をやめてしまえば、いずれ顧客は離れていきます。

個人事業主は誰からも何もいわれませんし、法人形式をとっていたとしても、株主がいるわけでもないので外部の目がありません。そうした状況で一定の成功を収めてしまうと、「もう、このくらいでいいか」と、惰性で事務所経営を行うようになります。

「やる気がわかないんだよね」。食べていくだけなら問題はないものの、日々の充実感を得られず、悶々としている同業者が、飲みの席などでポロっと本音を話す姿を何度、見たことでしょう。

パーパスは昔の船乗りが進路の頼りにした北極星のようなものです。**自分が仕事をする意義を見失わないように、進むべき方向へぶれずに向かわせてくれるのです。**

⑤視野が広がる

パーパスがあることで、「この内容を体現するために、できることをやろう」という発想になるため、世間一般でイメージされている社会保険労務士業務に留まることがなくなります。**この発想の広がりが事業を安定させます。**逆境を打破する大きな力となります。

弊社の場合は、「ベースをつくる」というパーパスを掲げています。

顧問先として関わる企業の業種や規模、特徴は様々ですが、そこ

当社のパーパスとビジョン、ミッション、バリュー

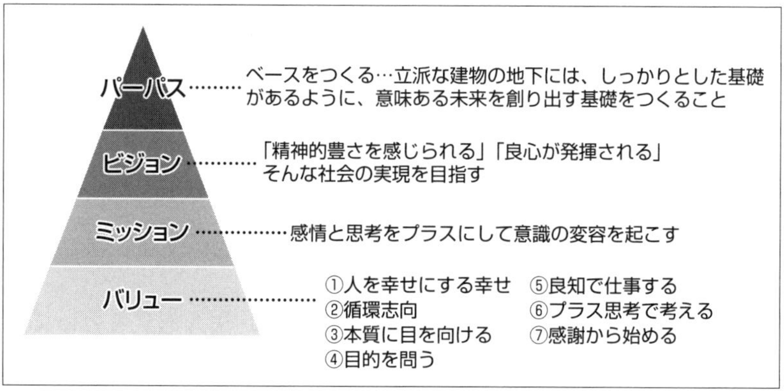
パーパス
ベースをつくる…立派な建物の地下には、しっかりとした基礎があるように、意味ある未来を創り出す基礎をつくること
ビジョン
「精神的豊さを感じられる」「良心が発揮される」そんな社会の実現を目指す
ミッション
感情と思考をプラスにして意識の変容を起こす
バリュー
①人を幸せにする幸せ
②循環志向
③本質に目を向ける
④目的を問う
⑤良知で仕事する
⑥プラス思考で考える
⑦感謝から始める

には働く人がいます。**働く人にとって最高のパフォーマンスが発揮できる「最高のベース（基礎）」をつくること**が、私たちが仕事をする意味だという想いで事務所を経営しているのです。

そのパーパスのもと、「感情と思考をプラスにして意識の変容を起こす」というミッションを掲げることにより、**社会保険労務士の分野に業務を限定することなくサービスを展開**しています。

パーパスやミッションに込めた思いを、「就業規則作成」や「日々の労務管理」の中に落とし込めば「社会保険労務士の業務範囲」になります。しかし、社会保険労務士の分野だけでパーパスやミッションを実現させるのは不可能です。

組織の関係性づくりなど、いわゆる「組織開発」にも業務範囲を拡大せざるを得ません。そうやって視野を広げていくことで、ビジネスチャンスも拡大可能となります。

CHAPTER 5

04 パーパスを考えるうえで大切な３つのこと

「逆効果になるパーパス」を考えないようにしよう

パーパスを考えるうえで大切なことが３つあります。

①大義があること
②肚から意義を感じられるものであること
③利益から考えないこと

逆効果になる内容にも触れながら、それぞれを説明していきます。

①大義があること

「何のためにその事業をやるのか？」は自由ですから、「お金儲けをしたい」「家族を幸せにしたい」など、なんでも構いません。

しかしながら、**自分の利益だけを考えた「やる意味」では、周囲の共感を得ることは難しい**です。「たくさん稼いでベンツに乗り続けるために社会保険労務士をやっています」といわれたら、応援どころか「勝手に頑張ってください」と突き放されそうです。

では、「一緒に働く従業員を幸福にするために社会保険労務士事務所をやっています」はどうか？　こちら部外者の人からすれば、「えらいですね。でも私たちには関係なさそうですね」となります。

「そんな想いで仕事をしてくれたら世の中がよくなりそうだし、

自分にもよいことがありそう」と思ってもらえる内容でなければ、周囲の共感は得られません。そして、プラスの影響が狭い範囲ではなく、広ければ広いほどよいのです。

つまり、世のため人のためになる大義が必要です。

かつて、顧問先の経営者から「新しく始めたサービスを購入してほしい」といわれました。「社会保険労務士事務所に役に立つ」と力説され、確かに上手に活かせば事業拡大につながりそうでした。

ただ、最後に相手の本音が出たのです。「これがたくさん売れたら多くの報酬を手に入れることができ、悠々自適に暮らせる」。

その瞬間、私はこのサービスを購入することをやめました。「あなたは儲けたいのですね。それに僕が協力する義理はないですよね。どうぞ勝手に頑張ってください」と思ったからです。

私は「儲けてはいけない」といっているのではありません。ビジネスをしているのですから、儲けは出すべきですし、努力を重ねた人が高い報酬を得ることも当然だと思っています。

しかし、それがあからさまに前面に出てくると、共感する気持ちは途端に失せてしまいます。

反対に、**「その事業が世の中をどうよくしていくのか？」というところに熱いメッセージがあり、それが伝わると人はその事業を応援したくなる**のです。つまり、共感を生むようになります。

また、大義は逆境を乗り越えます。事業に逆境はつきものです。順風の時、人は困難にもチャレンジできます。しかし、逆境の時はチャレンジする心自体が失せてしまいます。その時、**チャレンジの**

炎を消さずに心を奮い立たせ、立ち向かわせるのが大義です。

これは友人の元総合格闘家・大山俊護さんから聴いた話です。

総合格闘技は、一歩間違えば命を落とす可能性もある危険な競技。トレーニングも過酷で、途中で練習を切り上げたくなるそうです。その気持ちにストップをかけられるのは、「誰かのため・何かのため」という大義だそうです。「自分のためだけを考えている時は、きつくてやり切れない」といっていたのが印象的でした。

事務所を経営する時も同じです。自分自身や自分の事務所の利益ではなく、「誰かのため」「世の中のため」という強い想いがあるからこそ、応援を受けられたり、逆境を越えられたりするのです。

②肚（はら）から意義を感じられるものであること

パーパスには大義が必要であるといっても、**世の中からの共感が目的となっては本末転倒**です。事務所経営の柱となるものですから、自分が心から納得できるものでなければなりません。

自分が生涯をかけて成し遂げたいもの、自分の心を奮い立たせるものであることが重要で、心の底からやる意味があると思えるものであることが重要です。

私は、同業である社会保険労務士事務所も含め、様々な企業のパーパスづくりのお手伝いをしていますが、多くの場合、複数の従業員も巻き込みながらプロジェクトチームで作成していきます。

企業の歴史や強み、今後の取り巻く環境など、様々な角度で問いを投げ、対話を繰り返しながらパーパスにまとめていきます。

この時、重要なのが、策定していく活動の中で、チームのメンバー全員が**「それこそが私たちが実現したい世界で、大切したいものだ！」と肚から想う瞬間をつくり上げる**ことです。

沖縄にある社会保険労務士法人TISのパーパスづくりをお手伝いした時は、約10人のメンバーで考えました。そうしてできたパーパスが、「沖縄の未来を明るくする企業を支援する」です。

沖縄は、他県に比べて自県への愛が深い人が多いのが特徴で、同法人の職員も沖縄愛に溢れている人ばかりです。

「自分たちが好きな沖縄の未来をよりよくしていく、そんな気概に溢れる企業のサポートこそ『我々の使命』であり、自分たちも沖縄の未来を明るくすることに貢献する事務所になろう」と、全員が肚(はら)から共感して、このパーパスが生まれました。

私はあえて「沖縄だけでいいのか？　心意気が小さくないか？」と質問しました。その時、代表の玉城さんは、「僕たちはみんな沖縄が好きだ。沖縄の未来がよくなることに僕らが力を注ぐことこそ意味がある」と言われ、他のメンバーも力強く頷いていました。

このように、**大義でありながら、自分の中にしっかりと肚(はら)落ち感があるパーパスこそが、事務所経営で生きていくものになる**のです。

③利益から考えないこと

パーパスを考える時、つい「儲かるのか否か」を考えてしまうものです。最終的に収益性を踏まえないといけませんが、パーパスを検討する段階で儲けについては考えてはいけません。

この段階は「具体的にどんなサービスを提供するのか」を考えるのではなく、**「事務所の存在意義やあり方」を考えるフェーズ**だからです。

事業として何をするのかではなく、事務所を運営するにあたり、**どんなことに心が燃え上がり、周囲の共感も得られるのかを考えてください**（そのやり方は本CHAPTERの最後に説明します）。

コラム

パーパスをあとで見直すのはアリか？

一度作成したパーパスは、「完成したから、それで終わり」ではなく、**開業後もブラッシュアップし続けるとよい**と私は思っています。

理由は２つです。

１つは、世の中の変化が激しい昨今では、存在意義もそれに適応させていく必要があるからです。

方向性を180度変えてしまうのはどうかと思いますが、ブラッシュアップをし続けるのは重要なことだと思うのです。

もう１つは、開業当初のパーパスは「絵に描いた餅」の可能性があるからです。

開業当初は業界のことを研究したつもりでも、まだわかっていないことが多いものです。その時につくったパーパスですから、実際に経営をし始め、いろいろ経験することで「自分の大切にしたいものが変わってきた」と思うこともあるでしょう。

当初大切にしたいと思ったことに違和感が生じるようになったのであれば、ブラッシュアップしたものに変更したほうがいいと思います。

パーパスは事務所経営をよくするためにに存在するものですから、**違和感のある内容に縛られて活動領域が狭まるのでは意味がありません。**

CHAPTER 5

05 視野を広げ視座を高めるために

私が「開業セミナー」で必ず伝える重要ポイントとは

社会保険労務士に限りませんが、**人は人との出会いで磨かれる**要素が多くあります。私の半生を振り返っても、そう断言できます。

私は、会社員の父親と専業主婦の母親の家庭で育ちました。母方の祖父は経営者でしたが、私が小学校低学年の時に他界しているため、周囲に経営者と呼べる人がいませんでした。

ところが、この仕事をした瞬間、個人であるとはいえ、事務所を経営する立場になったばかりではなく、**取引相手は「経営者」と呼ばれる人たち**になりました。

20年以上にわたり事務所を経営することができたのは、これまで出会ってきた人たちのおかげなのです。

私は、開業セミナーや新人社会保険労務士向けにお話をする機会がありますが、必ず次のようなことをお伝えしています。

①社会保険労務士ばかりと付き合うな
②よきライバルとなる社会保険労務士仲間を見つけろ
③無料のセミナーには注意しろ

その考えに至った体験も紹介しながら説明していきましょう。

①社会保険労務士ばかりと付き合うな

社会保険労務士として20年以上になりますが、同業者とばかり付き合っている社会保険労務士を数多く見かけます。

社会保険労務士は他の士業と比べて、同業者同士が比較的、仲がよいとされています。私も、そのように感じます。

困っている同業がいたら助けたり、守秘義務に反しない範囲で情報共有し、知識や技術を高めたりもします。それは他士業ではあまりないため、しばしば他士業からうらやましがられます。

素晴らしい文化だと思うのですが、一方、**事務所を経営するうえで危険を伴う気がしています**。情報交換だけではなく、プライベートの飲み会や旅行も含めて社会保険労務士ばかりとお付き合いしている人も多いのですが、ここまでくると**価値観に偏りが出る気がする**のです。

我々のように法律という視点を大事にしながら、企業に指導をさせていただく立場は、世間から見ると独特なものです。

もちろん法律は遵守しないといけないものですが、一般的に企業は法令遵守が事業経営の中心になっているわけではありません。

しかし、社会保険労務士ばかりと付き合い、会話をしていると、**物事の見方が無意識に法律視点に偏ってしまう**ように思えます。

そこで、同業者だけではなく、**経営者やアーティスト、会社員の方など、広くいろいろな人と意図的に付き合うようにする**ことを、おすすめします。そうすることで、多くの価値観に触れることができます。

特におすすめするのが、**「顧問契約をしていない企業」の経営者**

と飲んだり、旅行したりできる関係になることです。そのような関係を数人と持っておくようにします。
「顧問契約をしている経営者」は利害が絡み合うお客様ですから、なかなか本音で話をすることができません。利害関係のない経営者の知り合いをつくっておくことで、経営者の本音を聞くことができたり、こちらの悩みを相談することもできます。

私には国内外の旅行を毎年ご一緒する経営者の仲間が10名くらいいますが、その多くの方と取引関係がありません。旅行の目的は特定のテーマを持つ企業視察になるのですが、1週間くらい行動をともにしていると、「経営者」という生き物の考え方が自然とわかるようになってきます。それは、事務所経営者としての学びとなりますし、顧問先企業のことを考えるうえでも参考になります。

②よきライバルとなる社会保険労務士仲間を見つけろ

私は開業セミナーで**「仲間からもらったふつう」**の話をすることがあります。これは三重県の飲食店経営者・中村文昭さんの講演で聴いた、「親からもらったふつう」のお話を、自分の立場に置き換えて受講生の皆さんにお伝えしている話になります。

講演の中で中村さんは、「子どもに『玄関では靴を揃えるように』と注意しても、なかなかそうはならない。それより、子どもが物心つく前から、親が玄関の靴を揃えていたら、子どもは勝手に靴を揃えるようになる。子どもからしてみれば、靴を揃えるのは特別なことではなく、ふつうのことなのだ」と話をされていました。
開業して数年経った頃に聞いたこの話は、私に深い印象を与えました。そして、私と同時期に開業し、一緒に過ごす時間が多かった仲間を思い浮かべました。**開業当初、私にとっては「ふつう」ではなかったけれど、彼らにとって「ふつう」だったことが、数年経った今、私の「ふつう」になっていることが、たくさんある**からです。

同業者とばかり付き合うのはいただけませんが、同業の仲間は必要です。わからないことを気兼ねなく相談したり、本やセミナーでは知ることのない実務をオフレコで聞ける同期や先輩を見つけましょう。事務所経営も含めて幅広く相談できる体制を整えておきましょう。

そうした存在は、たくさんいる必要はありません。**2～3名の同期と2～3名の先輩**でよいのです。

これは、支部活動で見つけることもできるでしょうし、セミナーを受講した際に「これは！」と思う講師がいたら声をかけるのも一案です。ただ、関係性は簡単にできるわけではないので、「これは！」と思う講師のセミナーには、しばらく“おっかけ”のように受講したり、懇親会がある場合は積極的に参加して会話をするなどし、自分の存在を覚えてもらえるようにすることが大事だと思います。

また、同じ年度に開業した同期は切磋琢磨できる仲間となります。

私も開業当初に励まし合っていた仲間が２人いました。彼らとは未熟な新人同士、あーでもない、こーでもないと話し合ったり、成果の出た営業手法を共有し合ったりしました。

全員が同じように顧問先を増やしていったわけではなく、１人が調子のよい時は他の２人はいまいちだったりしましたが、誰かが契約が取れた時は自分事のように喜び合い、一方で「よし、負けないぞ！」と自分に気合を入れるための存在でもありました。

仲間と切磋琢磨する中で実績が伸びていったのと同時に、もう１つ有難かったのは、仲間の持ち味がわかるとともに、２人より自分が優れている点も見えてきたことです。

自分の長所に気づけたことで、事業を進める方向も何となくわかってきたのです。それが、私の場合は「就業規則」でした。

私は、「法律をしっかりと理解し、それをベースにシステマティックに現場に落とし込んでいくこと」は得意ではありません。仲間の仕事の進め方を見ると、なおさらそう思いました。

しかし、新しいことを創造するのは２人よりも得意でした。

そこで私は、**就業規則の作成を事業として考えていった**のです。単に法律に合わせてつくるのではなく、「どんなルールがあったら会社の生産性を上げられるのか、労使の関係性がよくなるのか」といったことを想像しながら、法律とは違った視点で、社風に合った、実質的な意味での「自社のルール」をつくることを事業にしたのです。

それが、世間でも認められ、2005年には就業規則というニッチな分野にもかかわらず、専門書の領域を出た、経営者向けの「ビジネス書」として書籍を出版することができました。

③無料のセミナーには注意しろ

私が同業者の話を聞いていて、開業当初から腑に落ちないことがありました。開業したての社会保険労務士たちと情報交換をしていると、「今度、就業規則のこんなセミナーがあるらしいよ」「労基法改正のセミナーがあるよ」など、セミナー情報も話題になります。
しかし、そのあと、「あのセミナー、よさそうだけど2万円もするからやめておこう」「これは無料だから行ってみよう」と、受講料の話を続ける人が多いのです。

私は、そこにとても違和感を持っていました。
確かに2万円は個人の支出としては高いのかもしれません。
しかし、私たちは趣味でセミナーを受講するのではありません。仕事に役立てるために受講する。間接的か直接的かは別として、売上に関連するから受講するわけです。
仮に50万円のセミナーだったとしても、その内容をマスターしたおかげで100万円の売上が立つならば受講すべきなのです。
反対に、無料であっても仕事に役立たないのであれば受講すべきではありません。
「高いから受講しない」「無料だから受講する」というのは判断軸が間違っています。

ちなみに、当時、「無料」「安い」という基準でセミナーを受講されていた方の多くは、現在、業界で名前を聞くことがありません。
もちろん、有益な無料セミナーはありますし、私も開催する時はあります。しかし、これから開業される皆さんに対して、私はあえて「無料のセミナーには注意しろ」とお伝えしたい。**無料セミナーばかり選んで受講していると"無料癖"がつく**からです。思考習慣として「無料か有料か」が第一義的判断になってしまうからです。

また、無料セミナーは、「タダだから受講した」という、意識の低い人たちも多く見受けられます。人とは怖いもので、「朱に交われば赤くなる」とばかりに、その意識に自分もなじんでしまいます。

さらに、仕事をしていくと、自分がセミナーを開催したり講師になることもあります。その時の**報酬や料金の設定にも影響**します。

受講料5,000円が「高い」という意識の人は、自分がセミナーを開催する時、5,000円の値段設定ができません。「自分なら、その値段では受講しないな」と無意識に思ってしまうからです。

反対に、20万円のセミナーの受講者は、20万円のセミナーを主催することができます。「価値あるものには、そのくらいの値段を支払うのが当たり前」とマインドセットされているからです。

実際のところ、5,000円のセミナーも20万円のセミナーも、講師の話す内容に大差がないことは、ままあります。しかし、**決定的に違うのが受講者です**。

一般的にいって、20万円を支払った受講者のほうが、その分野に蓄えている知見が豊富だったり、課題意識が明確だったり、物事を修得しようという意識が高いことが多いです。講師に質問するレベルが高いことが多く、場の熱気も違います。

セミナーは、講師などの運営側だけでつくるものではなく、アーティストのライブと同じで、運営側と参加側の両方でつくり上げていくものです。レベルや熱意の高い場にいることで、知識の習得の深さが変わるだけではなく、意識レベルも引き上げてくれます。

ただし、借金してまで高いセミナーを受講するのはいただけません。**少し背伸びする程度からスタートするのがよい**と思います。

コラム

人との出会いの中で私が身につけた「ふつう」

●社会保険労務士は儲かるもの

私は28歳の時、「試験に合格した」というだけで開業しました。しかし、何をどうすればよいかわかりません。そこで、とある受験予備校が社会保険労務士合格者向けに開講していた「開業塾」に申し込みました。

10回くらいのシリーズの講座で、初回の講師はＫ先生でした。

Ｋ先生は当時60歳くらいだったと思います。業界歴30年以上のベテランで、その話は具体的な開業ノウハウではなく、社会保険労務士の歴史であったり、世の中の流れの中で社会保険労務士が今後どのような役割を担っていくようになるのかといった話、そして、経営者としての心構えのようなものでした。

特に、経営者としての心構えに感動して、帰り際、エレベーターに乗り込もうとしたＫ先生を捕まえ、緊張しながら少しばかり質問と感想を述べさせてもらいました。

その時、一度乗ったエレベーターから降りて真摯に対応いただいたことに感激した私は、帰宅後、お礼状を書きました。

数日後、なんとＫ先生から自宅に連絡があり、「やる気がありそうだから、開業するなら相談に乗ってあげるから、事務所に遊びに来なさい」と声をかけていただきました。嬉しさのあまり、すぐに事務所に伺いました。そして、**「1人で事務所を始めるとしても経営者であることには変わらない」**と、経営者の心構えをたくさんご教示いただきました。

当時、私の周囲に社会保険労務士で活躍している人がいなかったため、Ｋ先生が私にとって初めてまともに会話をした社会保険労務士でした。Ｋ先生は業界歴が長いだけではなく、ビジネスとしても大成功を収めている先生で、帰りに私を近くの駅まで送っていただいた時の車はトヨタの最高級車センチュリーでした。しかも、運転手付きです。

私が20代だった頃から「社会保険労務士という資格では稼げない」「生活できない」という声が聞こえてきましたが、**私にとって初めて出会った社会保険労務士は「運転手付きの最高級車に乗っている人」だった**のです。よって、私の中で、「社会保険労務士は稼げない」というイメージは生まれませんでした。これが、私が人からもらった「ふつう」の１つでした。

このように話すと、「お前はそんな先生と最初に出会えてラッキーだったのだ」と思われたかもしれません。しかし、私がＫ先生と出会ったのは開業講座です。その教室には100人近くの受講生がいました。そして、私と同じようにＫ先生の講義に感動していた人はたくさんいました。事実、教室内で私と同じような感想を発している声をたくさん聴きました。でも、Ｋ先生に声をかけ、礼状を書いたのは私だけでした。

つまり、**チャンスは誰の前にも等しくありました。それを活かすかどうかの違いだったのです。**

●「10年後にどうなっているか」を考える

開業してしばらく経つと、今度は自分の事務所の足りないところが目につくようになります。「あの事務所でできていることが、できない」「あの事務所の顧問先は大手が多いが、なぜうちには話すらこないのか」

周囲と比較してはイライラする毎日でした。私の苛立ちや焦燥感が事務所全体に伝播し、雰囲気が悪くなっていた時期もありました。

悩んでいた私は、ある時、全国社会保険労務士会連合会の現会長である大野実先生に連絡し、相談したことがあります。

「大野先生の事務所は、こんなふうになっているのに、私の事務所はまったくダメです……」

すると大野先生は笑いながら、こうお話しされました。

「下田さんは開業何年目？　僕は開業して30年目だ。30年積み上げてきて今の事務所になっている。開業十数年で『同じ状況になっていない』と嘆くのは生意気だ」

それを聞いた時、心がとても軽くなりました。「30年経った時にできていたらいいんだよ」と伝えていただいたのです。

時をほぼ同じくして、カンボジアに行く機会がありました。森本喜久男さんという日本人に会いに行くためです。

森本さんは、カンボジアで内戦のために廃れてしまった「クメール織」という伝統の織物を復活させた人です。向かった先は100人近くの人が暮らす「伝統の森」と名づけられた森で、そこにある工房で最高級シルクが織り上げられていました。

森本さんを訪ねた時、同行者のうちの１人が「物事がうまく運びません。どうすればいいでしょうか？」と質問をしました。その時、森本さんはこういいました。

「僕は待てるんだよね。物事はすべてが整う瞬間があるから。僕はそれを５年でも10年でも待てるんだ」

その答えが、先の大野先生の答えと相まって、自分の心に響きました。「人と比較せずに、自分が大切にしたいことを信じて、焦らずにやるべきことをちゃんとやっていけよ。そしたら、道が開けるから」、そう教えてもらったような気がしたのです。

その時から、大きな流れの中に自分を委ねてみることが、自分の価値観の１つになっています。現実には、比較したり焦る時も多々あるのですが、その価値観が私の心にあることは間違いないでしょう。

人は人との出会いの中で「自分の価値観」が生まれていき、それがその人の「ふつう」になります。だから、「どんな人と出会い、付き合うか」を大切にすることです。特に、自ら開業し、初めて経営者となる人は、付き合う人を慎重に選んでください。

「自分の性格と合う人と付き合うのがいい」と思いますが、足を引っ張り合ったり、他人や世間の悪口ばかりをいう人ではなく、「前向きに語り合える人」「自分より高い視座で物事を見ている人」、そうした人と積極的に交友関係を広げていくことが大切だと思います。

CHAPTER 5

06 「自分の存在意義」を結果につなげるには

パーパスを習慣レベルに落とし込む

ここまでパーパスの重要性について解説してきましたが、このCHAPTERの最後に、パーパスを「絵に描いた餅」にせず、日々の業務に活用していくポイントを見ていきます。

4つの観点で「手にしたいもの」を考える

●「社会保険労務士になって手にしたいもの」は何か？

皆さんが社会保険労務士になった理由はいろいろだと思いますが、「稼ぎたい」「世間の役に立ちたい」「会社員が性に合わないので時間や場所に縛られない自由を手にしたい」「子どもが小さいので家事と仕事を両立させたい」など、**「社会保険労務士になって手にしたいもの」を明確にしておきましょう**。

開業時にこれが明確な方とそうでない方がいて、じつは私も後者の１人です。開業当初もその後も行き当たりばったりでした。運よくやってこれて今がありますが、開業当時に戻れるならば、「社会保険労務士になって手にしたいもの」や「パーパス」を明確にしてからスタートしたいと思っています。

そうでないと必ず失敗する、ということではありませんが、**明確なほうが着実な社会保険労務士人生を歩んでいける**からです。

●２つの軸を使って４観点に分けて書き出す

手にしたいものを明確にするといっても、それが１つとは限りません。むしろ複数あるのが当然で、粒度や方向性もバラバラです。

そこで、まずそれらを全部書き出してみましょう。

この時、**「自分自身のこととは別に、社会に対して何か自分がしたいことはないのか？」**も考えてみてください。

例えば、「年収2000万円になりたい」など、仕事を通して個人的に手にしたいもののほか、「ハラスメントがない職場をつくりたい」など、自分以外のことで手にしたいことも書き出します。

多くの人は、よくよく自分の内面を見つめてみると、「自分のこと」と「第三者的なこと」が同居して存在しているはずなのです。高収入を願う自分もいるし、よりよい社会の実現を願う自分もいるということです。

書き出す時、次の２軸に分けて書いてみると、自分の手にしたいものがよく整理できます。

a）自分事か／第三者・社会などの自分以外の事か
b）有形なものか／無形なものか

つまり、「自分事」で「有形なもの」と「無形なもの」、「自分以外の事」で「有形なもの」と「無形なもの」の４つの観点に従って書き出してみるのです。

①「自分事」で「有形」なもの
②「自分事」で「無形」なもの
③「自分以外の事」で「有形」なもの
④「自分以外の事」で「無形」なもの

4つの観点に分けて書き出した「手にしたいもの」の例

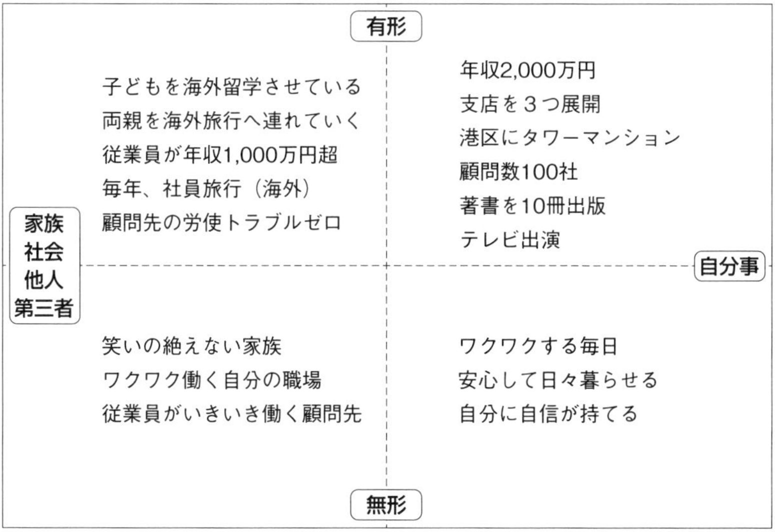

© 2023 Harada Educate Institute, Inc.

この中の「有形」と「無形」が少しわかりにくいかもしれないので補足します。

有形とは形あるもので、**一般的には数値や固有名詞などで具体的に表せるもの**です（例：年収2,000万円、ベンツ、海外留学など）。

無形とは、**状態や感情などを表すもの**です（例：自信、誇り、家族が大笑い、いきいきワクワク働く職場など）。

このフレームワークは、株式会社原田教育研究所の原田隆史氏によって開発されました。原田氏は、大阪市の公立中学校の教師で無名だった公立中学の陸上部を13回も日本一にした先生です。学校の先生を辞めた後は、全国の企業を独自のメソッドを活用してコンサルティングをしたり、オリンピック級のアスリートのメンタル指導などを行い、多くの実績を残している方で、著書も多数あります。

書き出したら、４つの観点で出し切った「手にしたいもの」をよく眺めてみてください。自分には「手にしたいもの」が、たくさんあることに気づきます。そして、それらに関係性があることに気がつくのではないでしょうか。

多くの方が気づくのは、左下と右上の関係性です。**左下は「自分以外の事」で無形**です。右上は**「自分事で有形」**です。**ここをよく見ると「目的」と「手段」の関係になっていることが多い**のです。

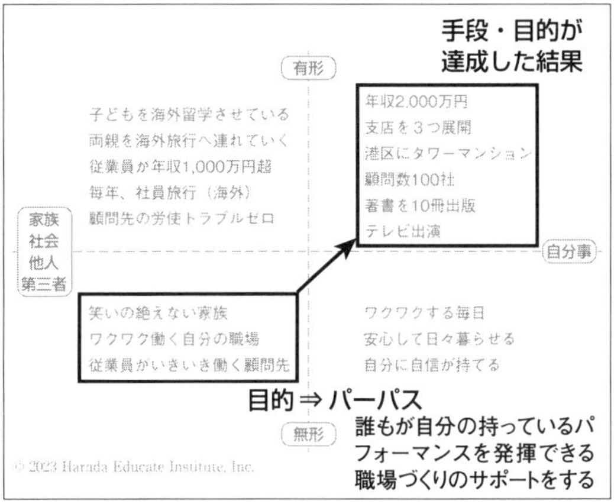

例えば、従業員がいきいき働く顧問先（左下）が目的。その実現のために100社の顧問先をつくる（顧問数100社）が目標です（右図参照）。

従業員がいきいき働く顧問先を100社にするには、一生懸命、営業して数多くの顧問先をつくらないといけません。自分が一生懸命、営業して顧問先を増やすのは、従業員がいきいき働く職場を世の中に１社でも増やすためなのだ——という関係になるのです。

この「従業員がいきいき働く職場」はパーパスになります。そのままの言葉でもよいですし、もう少しこなれた形の言葉にするのであれば、「誰もが自分の持っている限りのパフォーマンスが発揮できる職場づくりをサポートする」などとなっていきます。

このパーパスが決まると、社会保険労務士事務所として起業したはずなのに、社会保険労務士法に定められた社会保険労務士業務だけをやることが事業内容ではなくなります。「心理学を学び、メンタルトレーニング研修のサービスもメニューにしたほうがよいのではないか」「各人が持っている強みを見つけ、その能力を開花させるサービスを展開したほうがよいのではないか」と視野が広がっていくからです。世界観が大きくなるのです。

AIを活用したテクノロジーがこれまでにはないスピードで進化している現代では、**広い世界観を持って事務所を運営できるほうが変化する社会に対応できます**。

社会保険労務士の業務を捨てる必要はありませんが、パーパス実現に社会保険労務士の業務が不要となるのであれば、いつでも捨てられるマインドでいるのと、従前の社会保険労務士事務所という枠にとらわれて事業を展開しようとするのとでは、未来の開かれ方はまったく異なってきます。

●自分の長所を知る

皆さんは、自分の長所を知っているでしょうか。１つや２つはいえる人も多いかもしれませんが、その程度では知っているとはいえません。**最低でも30個は挙げられるようにしましょう。**

ある人が、「長所はつくるものではなく、気づくものだ」といっていましたが、そのとおりだと思います。長所はすでに自分の中にあります。自分の特性や実績などにプラスの側面から光を当て、「長所だ」と認識するものなのです。

例えば、何かを判断するのに時間がかかる人がいます。このことにマイナスの側面から光を当てたら「優柔不断な人」という短所が認識されます。しかし、プラスの側面から光を当てたら、「物事を慎重に吟味する、軽率な行動を取らない人」となります。

社会保険労務士試験に５回落ちて合格した人は、マイナス面から見ると「５回も試験に落ちて時間を損した人」となりますが、プラス面から見たら、「目標に向かって努力しても実らない悔しさがわかる人」となります。

このように自分の特性や過去の経験をプラスの側面でとらえて認識するのが「長所を知る」ということです。

一度、自分の長所を思い浮かぶ限りあげてみましょう。たくさんの長所を知った人は、日常の中で「長所に出会う確率」が高くなります。なぜなら、長所と認識している数が多いからです。

結果、**行動すればするほど長所に出会い、自信を高めることができます**。自信があれば、チャレンジングなことに一歩踏み出そうという気にもなれます。

また、人が新たなことにチャレンジしたり、逆境を乗り越える時、自分の長所を活かしていくほうが効果が出ます。

そのためには、**長所を知り、その長所の中でも「特別な長所」を活かしていくほうがよい**のです。

例えば、私の場合は、集団で話をするよりも「1対1」で話をするほうが得意です。そこで、集団で足並みを揃えた行動をしなくてはならない時、キーマン数人と1対1で話をする時間を取り、そこで大筋の合意を取ってから行動することがよくあります。

顧問契約をいただいた会社も、経営者とマンツーマンで話ができ、重要事項はそこで決めることができる会社が多いですし、社員数2,000人といった規模の大きな会社であったとしても、毎月経営トップと面談する中で人事労務戦略を決定できるようにしています。そのやり方のほうが私の長所が発揮できるからです。

自分の長所に気づく確率を高められるようになると、顧問先の経営者や組織といった第三者に対しても同様の見方ができるようになります。その結果、相手が気づいていない長所を指摘することで、背中を押してあげることができたりします。組織の長所を活かした人事労務策もアドバイスすることができます。

あなたの長所を最低30個、できれば50個書き出してみてください。最初は思いつかないかもしれませんが、苦し紛れに書いた内容に大きな発見があると思います。

●「オープンウィンドウ64」で具体的行動に落とし込む

自分のパーパスや目標が明確になったら、それを実現させるための具体的な行動を考えます。どんなに素晴らしい目標を掲げても、そこに向かって何も行動しなければ目標の達成はありません。

では、具体的にどのようにして目標を行動に落としていけばよいのでしょうか。

若手の社会保険労務士と話していると、目標設定が不明瞭で、行動に落とし込めないまま止まってしまうケースを見かけます。そうした場合に私がおすすめしているのは、前述した原田隆史氏の**「オープンウィンドウ64」**というフレームワークです。

通称「マンダラチャート」ともいわれるこのフレームワークは、メジャーリーガーの大谷翔平選手が、高校１年生の時、「高校３年生の時にドラフト１位で８球団から指名される」という目標を立て、その実現のために具体的な行動目標を立てた手法として有名になりました。

フレームとしては、とても単純です。まず中央のマス目に「自分が手にしたいもの」を掲げ、その周りの８マスに実現に向けて取り組む分野やキーワード等を８つ考えていきます。さらに、その８つの分野等について、具体的な行動をそれぞれ８つ検討します。そうすると**８×８で64個の具体的な行動目標ができあがる**のです。

皆さん、いかがでしょうか？　64個の具体的な行動を着実に実行することができたら、目標に近づけそうな気がしませんか。

例えば、「５年後に年収2,000万円になる」と決めたとします。その達成のために、「特定社会保険労務士試験に合格する」「○○経営

オープンウィンドウ64の例

	月3本メルマガ発行	価格表作成		商工会入会	セミナー10本開催		自律型人財・組織育成士に	毎月3冊専門書
	マーケティング			**営業**			**スキル**	
	週末は妻と過ごす	週2回親に連絡	**マーケティング**	**営業**	**スキル**		毎月食事会主催	御礼は翌朝までに
	家族		**家族**	**顧問先20社**	**人脈**		**人脈**	
			運	**人間性**	**経営**			
	いつも笑顔		毎日アファメーション	オフィスのトイレ掃除	元気なあいさつ		経営セミナー受講	経営誌購読
	運			**人間性**			**経営**	

者団体の役員になる」「○○分野でのセミナーを年間30回行う」「正社員を２名雇う」などと決めます。

さらに、「○○分野でのセミナーを年間30回行う」ために、「○○分野の書籍や雑誌を月に２冊読む」「地域15か所の商工会議所に営業する」「地域で顧問数が多い税理士５人と仲くなる」「noteで月に２回原稿を書く」などと具体的な行動に落としていくのです。

このようにして、目標を日々行う具体的な行動に変えていきます。

それでも、目標達成までの時間軸が長く、64個の行動がまだ抽象的であれば、それを日々や数か月単位で行い、実践の可否が目でわかる程度の具体的なものにすべく、さらに細分化させます。

●行動目標は２つのアプローチで“仕組み化”する

行動目標を細分化すると、毎日行う**「ルーティン目標」**と、期日までに行う**「期日目標」**の２つがあることに気づかれると思います。

「ルーティン目標」とは、例えば、社会保険労務士試験合格に向けて、「毎日２時間勉強する」といったものです。

それに対して、「10月までに労働基準法を学び終え、12月までに労災保険法を学び終える」といったものが「期日目標」です。

ここで注意したいのが、目標達成に向けて具体的に行動する時、両者を分けて考えることです。プロセスが異なるからです。

ルーティン目標は、チェック表をつくり、毎日できたか・できなかったかを○×でチェックすることを習慣にします。

それに対して、期日目標は、締め切り日をカレンダーなどに記載し、その日までに達成できるように意識します。

目標に向けた行動が継続できない人の特徴は、このような仕組みをつくらず、気持ちだけでやり切ろうとします。意思の力だけでや

行動目標は“仕組み化”しよう

ルーティン目標	期日目標
チェック表をつくり、毎日できたか・できなかったかを○×でチェックしよう	締め切り日をカレンダーなどに記載し、その日までに達成できるように意識しよう

り切るのは難易度が高く、途中で挫折する原因となります。“仕組み化”して行動する習慣を身につけることをおすすめします。

●自分の行動を毎日、振り返る

パーパスをベースにした目標を設定し、それを具現化する取り組みが見えてきたら、あとは実行するのみですが、この段階で忘れてはいけないのが**日々の振り返り**です。

目標に向かって順調に進んでいるのか？
問題点はないのか？
課題は何か？
当初の予定どおりいかないものは何か？

これらを振り返り、**常に軌道修正していくことが大切**になります。

振り返りは毎日、行います。1日単位で振り返ることが重要です。

そこで私がおすすめしているのは**日誌を書く**ことです。

日誌と日記は異なります。

「日記」は、今日起こったことや、そこから感じたことを、徒然なるままに書き綴る行為です。

日誌の例

今日やろうと思っていたことでできたことは?

明日のA社とのオンラインミーティング資料を新しい統計データも盛り込んで、予定どおり午前中のうちにまとめることができた。

今日1日やり直すとしたら?

C社のミーティングで「年収の壁」の話題が出たら、その場ですらすら説明できるように資料を準備しておく。

目的・目標に向かう中で気づいたことは?

セミナーの中身を考える時、他の社労士がどのようなことを話しているのか、YouTube動画セミナー等を視聴して研究しておくことが大事。自分の強味がよくわかり、どこを強調して話せばよいのかがわかる。

明日のスケジュール

- 6:00　起床　準備
- 7:00　朝食
- 8:00　出社
- 9:00
- 10:00　A社　オンラインミーティング
- 11:00
- 12:00　ランチ
- 13:00　セミナー資料づくり
- 14:00　B社　打ち合せ資料づくり
- 15:00
- 18:00　退社
- 19:00　夕食
- 20:00　読書
- 21:00

無理なくこなすようにイメージする

うまくいくイメージが持てなければやり直す

　一方、私がおすすめする「日誌」は、**決められたフォーマットにのっとり、1日の行動を振り返り、目標に向かって正しく向かうことができているのかを確認する行為**です。

　私の場合は、「今日1日やろうと思っていたことで、しっかりできたことは何か？」「今日1日人から感謝されたこと、または人に感謝したい出来事は何だったか？」「今日1日をやり直すとしたらどうするか？」「目標に向かう中で気づいたことは何か？」といった項目を振り返っています。

同時に**明日のスケジュールを具体的に立てます**。

そのスケジュールの中で「特に重要なことは何か？」を考え、重視することをしっかり意識下に置くようにします。

そして、明日１日をはっきりとイメージし、やるべきことが無理なく実行できそうか確認します。

この段階で、**うまくいくイメージが持てない時は、「このスケジューリングには無理がある」と判断し、スケジュールを組み直す**ようにします。人は、イメージできないことは実現できないからです。

このようにして日々を振り返り、自分の課題に向き合うことで、「自分のあり方」を修正し、自分が立てたパーパスを忘れないようにしていきましょう。また、必要に応じて、パーパスの内容に修正を加えることも検討します。

そうした日々を繰り返していく中で、自分の人生を大切にしながら、社会保険労務士という立場にとらわれることなく、社会保険労務士業を続けていくとよいと思います。

コラム

私がずっと大切にしていること

最後に私が20年以上、社会保険労務士をやってきた中で、大切にしていることを記しておきます。皆さんに共感していただく必要はないと思っていますが、もし何か相通じる方がいたとすれば嬉しく思います。

私は、社会保険労務士を**「社会保険労務士道」**ととらえています。

「道」、つまり、剣道や茶道、華道などと同じ「道」の世界です。**「道」の世界には終わりがありません。**

「ここまでやればOK」というものがありません。ゴールと思って登りつめた位置に立ってみると、まだ登るべき先があります。もっと追求していくべき先があります。

「道」の世界は、その歩みを通して人間性を高めてくれます。茶道であれば、お茶の道を究める中で、技術と人格はリンクすることを肌感覚で理解し、熟達とともに人格も高まります。反対からいえば、人格が高まらない限り、技術も一定以上、高まらない世界です。

私は、社会保険労務士という仕事を通して、終わりのない技術の高みを目指し、同時に人格を高めていきたいと思っています。

そう思って、この仕事をしていると、飽きることがありません。チャレンジの炎を燃やし続けることもできます。

もともと、人格が高くない人間ですから、伸びしろがいっぱいあるということなのでしょうが、20数年の社会保険労務士人生を振り返った時、そのように生きてきたことで、少しは人格が向上したように思えています。

CHAPTER 6

トップランナーが語る社労士の未来

開業45年を超える
業界のトップランナーに聞く
社労士の魅力と今後の役割

社労士制度は1968（昭和43）年のスタートから55年の歴史を持つようになりました。その歴史の中で常にチャレンジを続け、社労士のトップランナーとして活躍を続けられてきた大野実先生（社会保険労務士法人大野事務所　代表社員）に、社労士を志した理由から開業当時のお話、そして今後の社労士の役割についてお聞きしました。

（2023年９月11日談）

大野 実 氏　社会保険労務士法人大野事務所　代表社員

【経歴】

1975年　神奈川大学法学部法律学科卒
1977年　社会保険労務士大野事務所開業
1986年　日本大学大学院修士課程修了　管理工学専攻・工学修士
2003年　社会保険労務士法人大野事務所設立　同代表社員就任
2003年　株式会社デジタルガレージ監査役（～2012年）
2005年　日本大学生産工学部管理工学科非常勤講師（～2007年）
2009年　青山学院大学大学院法学研究科兼任講師（～2014年）
2017年　株式会社デジタルガレージ社外取締役（監査等委員）（～2019年、2020年～2022年６月）
2019年　全国社会保険労務士会連合会会長（現職）

【所属団体等】

東京都社会保険労務士会会員（会員番号1310483）
東京商工会議所会員
日本労務理論学会会員

【専門テーマ】

1. 人事・労務管理全般
（1）人事・労務管理等の実践コンサルティング
（2）賃金・人事制度設計
（3）就業管理システムの構築、人事諸規程整備
2. 組織分析
3. 経営労務監査

【著書】

『経営労務監査の実務』『経営労務監査の手法―これからの新人事労務システム』（中央経済社）共著
『シリーズ労働基準法　ケーススタディ労働時間、休日・休暇』（第一法規出版）共著
『わかりやすい定年退職前後の手続きガイド』（梧桐書院）共著
『労務管理の実務ポイント』（中央経済社）共著
『事例に学ぶ魅力ある会社づくり』（日本法令）共著
『成功した経営者の「次の戦略」― 第２の利益を獲得する経営承継』（日本経済新聞出版）共著

OHNO Minoru × OTSU Akinori × SHIMODA Naoto
大野 実　大津章敬　下田直人

たまたま見かけた本との出会いが社労士に興味を持つきっかけに

大津　まずは社労士を志したきっかけについて教えてください。

大野　当時、私は法学部法律学科の学生でしたが、講義が連日休講になるような、学園紛争が激しい時代の真っただ中にいました。

勉強もせず、ぶらぶらしている自分がいる一方で、家庭の中では、私の父が、家族を支えるために残業をして遅い時間に帰宅し、そこから夜中まで法律系の資格を取ろうと勉強をしていました。

そんな父の姿を見ていると、「自分はこれでいいのだろうか……」と考えることが多かったです。

先が見通せず、自分の将来が描けないことで悶々としている中、なんとなく書店に立ち寄りました。そこで**「資格を取ろう」といった内容の本に載っていたのが「社労士」**で、興味を持った私はそこから資格取得の勉強を始めることとなりました。

大津　先行きが見通せないという点は、現代にも通じるところがあり、多くの受験生や若手も共感するお話だと思います。司法試験や税理士、公認会計士など、様々な資格がある中、なぜ社労士だったのでしょうか？

大野　この時は社労士がどのような仕事をしているのか、よくわかってはいないものの、学生の頃からアルバイトをしていましたから、**労働基準法や労災、健康保険などは、バイト先の仕事を通じて触れる場面もありました**。自分に割と近い、**身近に感じられる資格**ということで社労士を選んだのだと思います。

当時は大学の４年間のうち２年間は講義がなかったので、今でいう**ダブルスクールのような感じで社労士の勉強**をしていました。

このように社労士との出会いや志すきっかけは大層なものではなかったと思うのですが、あの若い時期に社労士という仕事に出会い、その出会いを大事に、こだわりを持ってやってきたことで今があると感じています。

さらに、組織の中でサラリーマンとして生きている父親の姿を見ながら、国家資格の士業は、自らが専門性を持って社会に貢献することで、よくも悪くも自分で責任が持てる、いい換えれば、**「できても、できなくても、それは自分だ」と思える仕事であることも、サラリーマンにはない魅力を感じた点だった**と思います。

下田　学生時代にアルバイトをしている時、社労士として活躍している人や、社労士業務をしている人を実際に見たことはありましたか？

大野　まったくなかったですね。**社労士が何をしているかも全然わかっていない。**当時も今も、医者や弁護士の仕事はイメージできますが、社労士の仕事には、そこまでのイメージがない。

だから、やはり「出会い」だったのですよ。振り返ると、私は社労士という資格に、特別な意識を持たずに出会った。だから、**読者の皆さんも、この本を「たまたまめくっただけ」といったことであれば、この出会いを深めていただけると、僕ら先輩としてはありがたいです**。

ちなみに他士業との比較で、我々の仕事がわかりにくいとするならば、社労士として活動する時の“立ち位置”なのかもしれませんね。

例えば、弁護士の場合、自分の依頼主の権利を100％引き出すことが求められるので、通常、二者の中で勝ち負けが生まれますが、社労士は勝ち負けを決めるような仕事ではありません。**重要なのは、会社とそこで働く人たちとの関係を「全体として最適な状態に持っていくこと」**にあります。

会社だけの思いで人は動きませんし、働いてる人だけが頑張ろうとしても「会社」という乗る船がなければ前に進みません。そこで、労使をつなぐ立ち位置にいるのが社労士ともいえますから、我々の仕事は一見、わかりづらく感じられるかもしれません。ただ、**人を大切にする仕事**であることは間違いなく、だからこそ私もこだわりを持って、これまでやってこられたと思います。

大学４年の冬、試験合格２週間後に先輩の事務所へ押しかけて勤務社労士に

大津　続いて、社労士試験に合格し、仕事を始められた頃のエピソードもお聞かせいただければと思います。

大野　社労士の試験に受かったのは大学在学中です。ちょうどオイルショックの頃で就職先が見つけにくく、さらにサラリーマンだった父とは違う生き方を考えている中で資格が取れました。見通しがはっきりしない中で、なぜか「自分はこれで行こう！」という覚悟だけができてしまい、**試験合格の2週間後には、社労士の受験講座を担当していた社労士の先輩の事務所に押しかけ、その場で社労士事務所に勤めることが決まりました**。

大津　それはまだ大学在学中ですよね？

大野　そうです。大学4年生の12月に合格発表があって、その2週間後です。そもそも大学自体が授業をやっていませんでしたから、単位はレポートを出せばもらえるという感じで、すでに取っていました。兄のスーツを借りて、12月から社労士事務所に勤めることになり、**「10年はここにいます」と伝えていたにもかかわらず、2年で辞めて開業**しました。

2年間事務所に勤務したことで、社労士事務所がどういうことをしてお金をお客様からいただくのかはよくわかりましたし、社労士の魅力も断片的に感じることができました。

大津　この時、感じた社労士の魅力はどのようなものだったのでしょうか？

大野　私も若く、お客様も中小企業ばかりでしたから、「こんにちは」と訪

問するだけで可愛がってもらえました。事業主のいろいろな思いを語ってもらい、その内容に即した書類をつくる中で「ありがとう」と感謝されて……。

例えば、「子どもが生まれた」といった時に「こういうお金がもらえますよ」「この書類を出してください」といったやりとりをする中で、**自分のわずかな知識や専門性で相手が喜んでくれたり、感謝してくれることで、「社労士というのはいい仕事だな」と思っていました**。

下田 「ありがとう」といってもらえる仕事であるというのは、間違いなく社労士の仕事の魅力ですね。事務所に勤務して２年で開業した時には、「自分は社労士の仕事ができる、やっていける」という感覚があったのですか？

大野 「自分でもできる」という自信よりも、**ライセンスを持ちながら社労士事務所の中で勤務していくうちに、「自分はこうしたい」という想いが強くなったことのほうが大きかった**と思います。若くて世間を知らなかったですし、あまり考えずに独立したということなのかもしれません。

ただ今と違って、当時の社労士が事業主から求められていたのは高い専門性とは限らず、手続きを正確にタイムリーに行い、相手に満足を感じてもらえるようなやりとりを行うところにあったようにも思います。

具体的にいえば、「社員が入社した・辞めた・けがをした」といった連絡を受けた瞬間に「すぐ行きます」といってフットワーク軽く動くような仕事でも、事業主の皆さんは価値を感じてくれました。

しかし現在は、「手続業務を得意とする組織化された大きな事務所がある」「経験豊富な多くの先輩社労士が各地に事務所を構えている」、あるいは「労務管理などのコンサルティングや相談業務に特化する社労士が多くいる」といった状況で、当時と経営環境が大きく変わっています。私が若かった頃と同じようなやり方で開業できるかというと、必ずしもそうではないと思います。

OHNO Minoru × OTSU Akinori × SHIMODA Naoto
大野 実　大津章敬　下田直人

「ありがとう」の言葉で元気をもらい、さらに報酬もいただける社労士の仕事

大津　開業当時は、どのような営業活動をされたのですか？

大野　営業活動はほとんどできていませんでした。当時はSNSもありませんから、実際に私が行ったのは、例えば**ポスティング**です。「社労士として、こんなことをしているので、何かあったらお電話を」みたいなチラシを会社の郵便受けに入れていきました。あとは**求人の新聞広告を出している企業に手紙を出す**とか。

でも、**現実には効果がない**のですよ。むしろポスティングは「うちのポストに入れるんじゃない！」と怒られることもあって……。そうなると、しばらく元気が出なくなっちゃいますよね。「自分がつらくなるようなことは続かないから苦手なことはやめよう」ということで、学生時代にお世話になった数少ない先輩を訪ね、紹介をお願いしてみたり。

今は自分をアピールする場がたくさんあり、そこでビジネスを広げている若手社労士もいますが、当時の営業活動の間口は本当に狭かったです。20代からの約20年間は、**コツコツ営業してお客様を増やすしかなかった**ので、ラクではありませんでしたが、あまり苦労とは思わなかったですね。

大津　大野先生も試行錯誤しながら営業活動をされていたのですね。仕事がうまくいかず、社労士を辞めようと思ったことはありませんでしたか？

大野　社労士を辞めようと思ったことはありません。現実問題として、辞めても戻る場所はありませんでしたしね。

そもそも士業を選んだのは、自分の専門性を活かしてお客様に何かを伝え、それで報酬をいただくことが理由でしたから、「結果が出ないのだとしたら自分が至らないし、努力が足りない」と思ってやっていました。

大津　逆に社労士の仕事をしていてよかったと思うことは何でしょうか？

大野　それはやはり「ありがとう」の言葉ですね。**お客様からの「ありがとう」の一言で元気になります**。自分の専門性が活かされていると感じますからね。

　これは他の士業も基本的には同じなのではないでしょうか。困ってる人がいて、その人の立場になって寄り添い、一緒に考え、問題を乗り越えていく――。それを実感できるのが士業の仕事だと思うのですが、**我々社労士が見つめる相手は「人」ですから、相手からの想いをより感じやすい**のだと思います。

大津　今のお話には本当に共感します。私を新卒の時から育ててくれた上司であり師匠でもある小山（社会保険労務士法人名南経営前代表社員）に以前、「これまでの社労士人生で一番よかったことは何ですか？」と質問したところ、やはり「『ありがとう』といってもらえる仕事だったこと」といっていました。たぶん現実にはいろいろ大変なこともあったと思うのですが、最終的にはそこになるのかなと聞いていました。

大野　我々はよく「先生」と呼ばれます。私自身は「先生と呼ばれたい」と思っているわけではありませんが、相手から「先生」と呼ばれることが多いわけです。少なくとも何らかのことで感謝され、尊敬の念を持っていただく。

　では、「その尊敬は何に向けてのものか？」といえば、やはり我々の持つ専門性を発揮して、相手によいことがあった、ということなのだと思います。

　私の場合、組織の中でいろいろ苦労をして働いていた父の姿を見て育ちました。父は苦労の対価として報酬を得ていたともいえるでしょう。

　一方、我々社労士は、お客様から「ありがとう」と感謝をされ、報酬までいただけるのです。これまで社労士という仕事を頑張ってきて、本当によかったと思います。

OHNO Minoru × OTSU Akinori × SHIMODA Naoto
大野 実　大津章敬　下田直人

社労士事務所の経営でも「事業計画」は欠かせない

下田　大野先生は学生時代にアルバイトをしながら社労士試験に合格され、すぐに社労士事務所に就職し、その2年後に開業。最初は個人事業主としてスタートし、地道な活動で事務所を大きくされた……。今の大野先生の姿からは、まったく想像できない方も多いはずです。特に若手社労士の中には「自分と大野先生は違う世界の人だから」と思う方もいるでしょうね。

大野　そうかもしれないですね。ただ、私の経験を踏まえていうと、**「実務経験も何もない新卒の社労士でも、学校を出て、最初にしかるべきところに就職し、この仕事にずっとこだわってやっていれば、誰でもここまではたどり着ける」**ということなんだと思います。

下田　さすがに「誰でも」ということはないですけどね（笑）。

大野　現実的には40歳くらいで開業される方が多いと思いますので、それでは私が40歳の頃を振り返ってみましょうか？　今から30年前ですね。

当時は木造アパートの2階に住んで、小さな雑居ビルの一室に事務所を構えて仕事をしていました。

その頃に思っていたのは、**「これでやっていくと決めた以上、もう自分は後に引けない」**ということでした。自分で独立して事業を行っていくにあたっては、**そうした強い気持ちが大事**だったと感じます。

もちろん、仕事観は人によって様々で、無理をしない範囲で穏やかに仕事をしていきたい方もいると思いますし、そういう考え方を否定するものではありません。しかし、特にDXなどにより環境が日々激変するような今の環境の中では、そういった「ぼちぼち・コツコツやっていきたい」という生き様を貫くことが難しくなっているように感じています。

そうした大きな流れの中で自分を守るためには、自分の専門性や何か特化した特徴を、今まで以上に意識していかないと流れに飲み込まれてしまう時代になっているのだと思います。だから、**「自分らしい生き方」を貫く意味でも、やはり強い気持ちがなければいけない**でしょう。

下田　根性論ではありませんが、「やるぞ！」という気概を持ち、心にしっかり刻み込むことが、開業において大きなポイントになると感じます。

大野　より具体的な話をすると、社労士にとっても**ビジネスの発想**が重要だと思っています。

例えば、生活を成り立たせるために月に最低50万円の売上が必要だとします。顧客単価が５万円であれば10件の顧問先を取らなければならない。これは理屈抜きの世界で、まず「やり切るんだ」という気概が大事になる。それこそ開業当初は見込み先に日参するであるとか、いろいろな人に紹介をお願いするであるとか、やれることを何でもやる。月50万円の売上を達成するまでの間は、アルバイトをしながらでもやるしかない。

しかし、それだけでは十分ではなく、同時に**「事業計画を作成しておくこと」も重要**です。

大津　企業経営の発想でいけば、まず企業として目指すべき姿を想定し、そこから逆算して投資を含む事業計画を策定することは当然ですが、社労士でそのような事業計画を明確にして事務所経営をしているケースは決して多くないように思います。社労士の場合は、極論すればパソコン１台あれば仕事ができてしまうので、まずはあまりリスクを取らず小さく始め、売上が増えてきたらスタッフを雇用して、徐々に投資をしていく……というケースが多いのかもしれません。

大野　社労士のビジネスの特性として、そういったところはあると思います。しかし、**事業経営を行う以上、ある程度のリスクを取らなければいけない場面はあります**。社労士の市場も成熟してきているので、昔のように乱暴なビジネスモデルを描くことはできませんが、これからの時代は社労士事務所の経営も事業計画なしではできないと思います。

事業計画を考えるにあたっては、**先輩の事務所に行って、「5年後にはどのような絵を描いているのか？」と聞けばいい**のです。事業計画を見せてくれると思いますよ。

大津 開業したての人は、どうしても入ってくる情報量が少ないということもあるので、先輩にいろいろ相談をし、教えてもらう中で自分の軸が決まってくる、ということも多いでしょうね。

大野 事業計画の流れで少し厳しい話もすると、**経営には常にリスクがあるので、それを織り込んだ事業計画を作成しておく**ことが重要です。

これはつらいことですが、最悪のケースである「撤退のシナリオ」まで描いておくことが必要です。「この状態まで行ったらビジネスモデルそのものを見直さなければいけない」であるとか、「場合によっては、ここで撤退する」というシナリオも必要になります。最悪のシナリオを描いておくことで、「そうならないように頑張ろう」という気持ちにもつながります。

いずれにしても、**事務所経営をする中で悶々とするようなことがあれば、先輩や仲間に相談をしていけば、たいていのことは乗り越えられます**。それは昔も今も変わらないと思います。

AIの進展で変化する社労士のニーズ

大津 今後の社労士へのニーズはどのように変化していくと考えていらっしゃいますか？

大野 望むと望まざるとにかかわらず、これまでの延長で将来を描けない、先が見通せない時代になってきていると思います。であるからこそ、**「先**

を見通せないことを前提に今を考える」という姿勢が重要になっています。

企業側でも、突然新しいものが出てくる時代だからこそ、「やはりヒトが大事だ」ということになっており、社労士に対する社会的な期待は大きくなっていると感じています。

こうした環境を背景として、今後も社労士にとって労働社会保険諸法令の円滑な運営に資する視点が重要であることに変わりはありませんが、一方では「働き方改革」の次のステップといえる「働きがい改革」や「人的資本経営」といったように、**法令には限定されない、人の立場によりフォーカスしていく仕事が増えてくる**と思います。

大津 「士業はAIによって大きな影響を受ける」という意見をよく耳にしますが、この点についてはどのようにお考えでしょうか？

大野 ChatGPTをはじめとした生成AIの影響は当然あると思っています。それは手続業務だけでなく、相談業務やコンサル業務にも影響するはずです。例えば、人事労務管理の各種制度設計の業務であっても、生成AIなどを活用することで効率的にできるのだとすれば、それを積極的に使う人と使わない人で差が出ることになるでしょう。

こうした時代には、そういった**最新のツールを使う中で「その先の業務」をできるような専門性を高めることが重要**になります。今までの延長線上で誰でもやっていけるほど、現実は甘くないと思います。

反対に、これから開業する人たちは、コツコツ活動して事業のベースをつくってきた僕ら昭和時代と異なり、「みんなイーブンでヨーイドン」という時代ですから、視点を変えて動けば数多くのチャンスをつくることができる環境になっていくのではないかと思います。

このように時代は変わっていますが、社労士に限らず士業というのは、**まずは専門性を高めること。そして最後は人間力です。これらを磨いて勝負していく若い社労士には大いに未来がある**と思います。

OHNO Minoru × OTSU Akinori × SHIMODA Naoto
大野 実　大津章敬　下田直人

「人を大切にする社会の実現」時代に左右されない社労士の想い

下田　予測不可能な時代においては、「今後、我々の仕事にはどのようなものがあるのか？」と「その先の業務」を考えることも大切ですが、それと同等かそれ以上に「１人の社労士として自分の中に『軸』を持っているのか？」と自問自答することも大事な気がしています。先行き不透明だからこそ、軸がないと、ずっとフラフラしてしまうように思うのですが、この点について大野先生はどのようにお感じになりますか？

大野　全国社会保険労務士会連合会では、**【「人を大切にする企業」づくりから「人を大切にする社会」の実現へ】**というコーポレートメッセージを発信していますが、これも社労士としての１つの軸だと思います。

我々の具体的な仕事としては、労働基準法をはじめとした労働社会保険諸法令という、人に関係する法令の運用もあれば、人事評価制度などの仕組みをデザインし、組織に関わるみんなが同じ方向を向くことができるようにするような仕事もあります。

最近は労務管理や人材マネジメント、人的資本など、法律だけでは解決できないテーマの重要性が増していて、「どんな会社になりたいか？」といった議論を通じて、それを実現する仕組みや環境をつくっていくことが大事になっています。

これらの仕事に共通するキーワードが「人」です。先ほどのコーポレートメッセージは、具体的な内容ではないので、「わかったようで、わからないようなもの」といわれることもありますが、やはり**人を大切にする社会を実現したいという想い、これがすべて**だと思うのですよね。この想いを持ち続けていきたいと思っています。

下田　コーポレートメッセージにもある「人を大切にする」というキーワードに基づいて我々社労士が活動していく場合、労働社会保険諸法令の円滑な実施以外の分野に積極的に仕事の領域を広げていくことが大切になると思うのですが、この点についてはどのようにお考えでしょうか？

大野　まず、これまでも行ってきた労働社会保険諸法令の円滑な実施は、これからも重要な仕事であり続けると考えています。特に近年は弱い立場の人を保護するような法律が数多くできています。単に法律家として各種法令で定められたことが守られているかを鑑定する立場だけではなく、**会社とそこに働いてる人に寄り添い、組織がどういう方向へ進むべきかを一緒に考えていくことが大事**になっていくのではないでしょうか。

こうして一緒に考えていく中で、何かヒントを授けるとか、みんなの想いをルールに落とし込むであるとか、そういった理想の労使関係づくりを後押しするようなコーディネートをしていくことは、非常にクリエイティブな取り組みだと思うのですよね。

社労士は、実務家であるのと同時に、法律家であったり、労務管理の専門家などともいわれますが、**企業ごとで独自に定めるルールや運用法を、一緒にデザインしていくことができる点が我々の強み**でしょう。

もちろん、労働社会保険諸法令を十分に理解しておくことは前提条件ですが、そうした法の理解を、現場でどう活かして皆さんに共感してもらい、仕組みをつくって運用していくか――といったことに広がっていけば、それこそ社労士の醍醐味になるのだと思います。

下田さんも最近は「ワークルール」といって、法律的視点だけに限定しない、働く人がやりがいを感じ、組織に所属することの不安感を払拭するために必要な「生きたルールをつくっていこう」という取り組みをされていますが、そのように仕事の領域を広く構える中で、社労士が、経営者、そして働いてる人たちと向き合っていくことが大事だと思います。

OHNO Minoru × OTSU Akinori × SHIMODA Naoto
大野 実　大津章敬　下田直人

若手社労士や社労士受験生へのメッセージ

大津　最後に、若手社労士と社労士受験生へのメッセージをいただけますでしょうか。最初に**若手の社労士**からお願いします。

大野　社労士の仕事は、まずは専門性があって、あとはそれを活かしてお客様のニーズに応えていくことがすべてなので、**プロフェッショナルとしての意識や専門性を高めるための努力を継続する必要があります**。

それは大変ではありますが、楽しいものでもあります。わからないことについて自分自身で調べ、先輩やその分野の権威の方からもいろいろな話を聞いて、自分の気づきがあって……。こんな日々は楽しいですよ。

一般の企業であれば、「60歳で定年、65歳まで雇用延長」であるとか、「55歳で役職定年」であるとか、様々なキャリアでの制約があり、組織の中で専門性を活かし続けることが難しい点もありますが、**社労士は「突き抜けよう」と思えば、突き抜けただけのものをリアルに実感できますし、目指した方向へ進んで結果を手にすることもできます**。

変化の大きい時代だけに、若手の皆さんにとっては、やり方次第でチャンスが大きい環境でもあります。引き続き頑張ってほしいですし、皆さんの活躍を本当に期待しています。

大津　最後に**社労士試験の受験生**にもメッセージをお願いします。

大野　社労士という仕事は非常に素晴らしい資格で、いい仕事です。先輩たちの多くは、そのように思って、みんな元気に仕事をしています。

まずは**「社労士になりたい」という想いを貫いて、資格を取って、先輩の社労士事務所の門を叩いてほしい**と思っています。試験勉強は大変だと思いますが、**合格を目指して頑張ってください。応援しています！**

INTERVIEW 02

働き方改革のキーパーソンから見た社労士の社会的役割

近年、働き方改革が進められる中、社労士はその推進役として様々な企業のサポートを行っています。「働き方改革実現会議」の中心メンバーとして働き方改革関連法の制定に尽力され、現在は全国社会保険労務士会連合会の理事にも就任されている東京大学社会科学研究所の水町勇一郎教授に、働き方改革の必要性と社労士に期待される役割をお聞きしました。

(2023年9月8日談)

水町勇一郎 氏　東京大学社会科学研究所 教授

1967年　佐賀県に生まれる
1990年　東京大学法学部卒業
東京大学法学部助手、東北大学法学部助教授、パリ第10大学客員研究員、ニューヨーク大学ロースクール客員研究員等を経て現在、東京大学社会科学研究所教授、パリ西大学客員教授。その他、内閣府・規制改革推進会議「人への投資ワーキンググループ」専門委員を務める。
全国社会保険労務士会連合会では、働き方改革推進特別委員会委員、社労士未来戦略シナリオ2030PTオブザーバーなどを経て、2023（令和５）年度には学識経験理事に就任。社労士制度の発展に尽力している。

【主な著書】
『労働法［第10版］』(2024年、有斐閣)
『詳解 労働法 第３版』(2023年、東京大学出版会)
『労働法入門　新版』(2019年、岩波新書)
『同一労働同一賃金」のすべて〔新版〕』(2019年９月、有斐閣)　など

MIZUMACHI Yuichiro × OTSU Akinori × ANNAKA Shigeru
水町勇一郎　大津章敬　安中 繁

働き方をどのようにデザインするか――それが働き方改革の本質

大津　近年、働き方改革が進められる中で、社労士もその改革の推進役として企業への様々なアドバイスや支援を行っています。現代の日本の働き方の課題について、水町先生はどのように考えていらっしゃいますか？

水町　現代の我が国における働き方の課題の基本にあるのは少子化とデジタル化です。少子化が進み、**人手不足がますます深刻になる中で、どのような工夫をしていけばよいか**という課題がまずあります。

そして、欧米先進諸国と比べて遅れている**デジタル化が現場の働き方や生産性にどのように関わってくるか**も大きな課題になってきます。

さらに、これまで長期雇用の正社員を中心とした日本的雇用システムが成り立ってきたので、**正社員以外の働き方や多様な人材活用があまり進んでいない**課題も存在します。

大津　大企業を中心に、男性の新規学卒者を正社員として長期雇用する雇用システムが確立されていたので、そういった働き方が難しい人たちの活用が十分になされてこなかったのは間違いのない事実だと思います。

水町　**正社員が転勤や長時間労働など様々な拘束・負担を過剰に負っている**ため、過労死・過労自殺といった不幸な現象もいまだに起こっています。そこまでいかなくても長時間労働は多くの企業で蔓延していますが、一方でワークライフバランスの意識の高まりや晩婚化・少子化の問題につながるなど、**日本全体のバランスが非常に悪くなっている**。そうした中で我が国の働き方をどのようにデザインするかというのが働き方改革の本質です。

次なる課題は「脱・正社員中心主義」の新しい雇用システムづくり

安中　そのような働き方の課題を背景として「働き方改革」が進められてきているわけですが、その必要性と目指す姿について、今どのようにお考えになられているのか、改めて伺いたいです。

水町　必要性についてはいくつかの視点がありますが、まずは**正社員中心主義で硬直的な日本の雇用システムを変えていかなければなりません**。

正社員の過剰な負担を見直すという点では、長時間労働を罰則付きで制限しましたし、正規・非正規の格差を是正する同一労働同一賃金を進めていくことによって、短時間や有期など、どのような働き方であっても公正に処遇されるような制度づくりを行ってきました。

そうした取り組みを進めて**日本的雇用システムに内在してきた弊害を解消していき、これからの変化に対応できるようなインフラをつくっていく**というのが目指していくところです。

社会背景としては、少子化とデジタル化の進展が、新たなインフラづくりを加速させる要因となっています。女性や高齢者、外国人のみならず、テレワークにより通勤不可能な遠くに住んでいる人であってもオンラインでつながって仕事をしてもらうことができるようになりました。

また、兼業・副業で他に仕事を持っている人からも、週に１日・２日といった短時間でサポートしてもらうなど、多様な働き方を進めていくことも働き方改革のもう１つの大きな方向性となっています。

安中　現在の働き方は、新型コロナの感染拡大によって爆発的に普及したテレワークによって、大きく変化しました。それ以上に、企業・労働者双方の労働に対する意識の多様化が進んだように感じます。

水町　長時間労働や正社員としての長期雇用以外の多様な働き方の推進によって、これからの環境変化に対応していくことは重要です。**デジタル化も活用して新しい雇用システムをどう構築していくかが次なる課題**です。

社労士に期待したいのは転換点を迎えている企業への支援

大津　水町先生、安中さんとは2019（令和元）年以降、全国社会保険労務士会連合会の働き方改革推進支援部会等でご一緒しており、社労士が企業の働き方改革の支援を進めるためのサポートや情報発信を行ってきました。水町先生のお立場から見て、社労士は働き方改革の中でどのような役割を果たすことが期待されているとお考えでしょうか？

水町　まず社会の中での位置づけですが、**企業の中で人事労務管理に関する情報やノウハウが行き届いていないところをサポートする重要な役割を社労士の方々は担っている**と考えています。

人事部門がしっかりと整備され、労働組合もあり、労使で交渉しながら方向性を決めているような、いわゆる大企業であれば、社内で一定の情報を共有できているのかもしれません。しかし、そういった人事部門や労働組合がない中小企業の場合、「総務部はあるけれど、担当者が雇用のことや労働法制のことを十分理解していない」というケースが多いように思います。

そのような場面で、働く現場に関わる専門的な知識を持ち、実際にその企業の様々な実務のサポートをされているのが社労士の方々で、**社労士の皆さんがその企業の経営に対して専門的な知識を活かし、どれくらいサポートしていくことができるかによって、日本の9割以上を構成している中小企業の将来が決まってくる**と思います。

大津　確かに中小企業では人材のリソースも情報も十分に整っていないため、働き方改革も含めた様々な取り組みが遅れています。

我々もそこが大きな課題だと認識しており、社労士がその専門性を活かし、企業のサポートを行うことで、日本の企業、さらには日本の社会を支える役割を担っていかなければならないと考えています。

水町　日本の中小企業は世界的に見てみると、様々な制度などによって守られてきたために、**生産性が低いまま、なんとか市場から退出せずに留まっているギリギリの企業も少なくない**のが実態です。

今後、働き方改革で長時間労働が規制され、最低賃金もどんどん上がっていく中では、もっと積極的にポジティブな改革をしていかなければ、中小企業は生き残っていくことができません。

そこで重要なのが社労士の方々の存在です。

社労士制度は働き方改革と同じ時期に50周年を迎え、今年は55周年。これまで55年間、社労士会として積み重ねてきた経験の下で、この変化に対して前向きな変革を進めることが重要です。**社会において期待される社労士の役割は、かつてないほどに大きくなっています。**

私も労働組合や弁護士会など、様々なところでお仕事をさせていただいていますが、社労士会とそこに所属されている社労士の先生方に対しては、労働組合や弁護士会に劣ることのない大きな期待を持っています。日本社会を大きく変える原動力としての役割を果たしていってください。

これから社労士が企業に提供してほしいサービスは大きく３つある

大津　非常に大きな期待をいただいていることがわかり、嬉しく思います。では、そのような環境の中で、具体的に社労士が企業に対して提供していくサービスについてはどのようにお考えでしょうか？

水町　大きく3つあると考えています。

まず1つ目は、**多様化する雇用への対応**です。

これまで、いわゆる正社員の働き方を前提としたモデル就業規則等の型はありましたが、正社員以外の多様な人材を受け入れるシステムに変化する中、どのような形で門戸を広げ、優秀な人が活躍できる組織を実現させるのか――、そうした**新たな組織づくりに向けたルールや就業規則の整備**が重要になります。

多様な人材を受け入れるための人事労務管理のシステムについては、必ずしもモデルが十分にない中で、賃金制度やその基盤となる人事評価システムを、それぞれの顧客のニーズや将来の方向性に沿った形でアレンジしながらつくり上げることも求められます。

大津　人手不足が深刻化する中で、すでにそのニーズはかなり大きなものになっていると感じています。

水町　2つ目は、**経営戦略への関与**です。

ChatGPTをはじめとした生成AIの登場によって、同じ質問をすれば、どんな企業も同じ情報や回答を得られる環境になってきています。

そうした環境下で、**「どのような問いを立てるのか」「自社の経営戦略の中でAIも活用しながら、競合他社とどう差別化をしていくのか」**といったことが新たな課題となっています。

パーパス経営（編集部注：自社が掲げた目的に沿った事業を進めていく経営スタイル）の観点からいうと、企業経営者と話し合った時、**「どのような企業運営をしていくか」「人事制度として、どういった人材を採用していくか」といった施策を、経営戦略とのつながりで考える**ことが重要になります。

これら経営戦略に基づいた視点は、社労士試験に合格しただけで身につけられるわけではないので、**現場で経営者と議論をしたり、自分で経営学**

や経済学の勉強をしながら方向性を見つけていくことが求められます。

かつ、現場の企業経営者にはいろいろな方がおられるので、**各社のビジョンや個性を見ながらサポートしていく**ことも大事で、これらはさらなる価値をクリエイトしていくための重要な仕事になると思います。

大津　社労士にとって、社労士の試験科目にある様々な分野は、最も基本的な知識であり、強みの源泉となる専門性になりますが、現実の企業の課題を解決しようとすると、それだけではなく、さらに幅広い勉強が必要となりますね。

それでは、最後の１点はいかがでしょうか？

水町　最後の１点は、**企業の現場に入っていって、労使双方の声を吸い上げたうえで様々な提案やルール整備を行う**ことです。

これからは、経営状況も人事労務管理上の課題も、非常に複雑で多様な時代になっていきます。「労働基準監督署が指導に訪れ、一律に決められた法律に基づいて違法性の判断を行う」といった、従来の方法では問題解決が難しくなっていきます。

今後は柔軟な制度設計や新しいルールの整備が重要になってくるので、現場で働いている人の声を吸い上げ、それを経営者などの上層部や関連部門にフィードバックしながら、様々な仕組みをつくっていくことが重要になるでしょう。

これは労働組合がある企業においては労働組合に期待されている役割ですが、労働組合がない企業、特に中小企業においては、社労士の皆さんが**現場の中に入っていき、経営者の声だけではなく、現場で働いている人の声を的確に吸い上げて、新たな仕組みづくりに活かせるようアドバイスをする**役割を担っていくことになると思います。

大津　社労士法第１条では「事業の健全な発達と労働者等の福祉の向上に資する」、つまり企業と労働者の双方にとって、ともによい環境をつくることが社労士の役割であることが示されています。今のお話からは、社労士の基本的なスタンスの重要性を改めて考えさせられました。

デジタルに置き換わらない 5つの能力

安中　生成AIなどの活用によって仕事が構成されていくことになった時、「人の介在」が、より重要度を増してくると感じています。

溢れる情報をどのように扱うのかを決めるのも人間ですし、経営として意思決定していくのも結局、人間ですから、「情報があり過ぎる。どうしよう……」と悩んでいる人事担当者や経営者の相談相手となり、背中を押す、あるいは励ます存在も必要になるのではないでしょうか。

第四次産業革命で仕事を取り巻く環境が激変しているからこそ、「人を励ます」であるとか「人を勇気づける」など、「対：人」というところに社労士の活路があるのかなと思っています。

水町　今のご意見を受けて、これから社労士の方々に求められる役割や能力について、少し抽象的にお答えしたいと思います。

デジタル化の中で、人間にできてデジタルにはできない、まさに**人間として大事な5つの能力**があるといわれています。

まずは①クリエイティビティという点での**創造性**。②イマジネーションという点での**想像性**。人間関係を司る③**対人スキル**。他者の感情に訴えかける④**感情労働**。そして、最終的に責任ある判断を行う⑤**価値判断**。

特に最後の点については、デジタルに任せてはいけないという**「人間決定の原則」**があるのですが、活躍している社労士の方々は、今でもこの5つの能力を活かして働いていらっしゃると思います。

つまり、クリエイティビティやイマジネーションを働かせて、その会社に合うシステムを提案したり、サポートをしている人が活躍しています。

社労士の皆さんは高い対人スキルで経営者など企業関係者との信頼関係をつくり、かつ企業関係者が持つ様々な感情を理解して、ChatGTPで検索しても答えが出てこない「感情に訴えかけること」を行っています。

人間にできてデジタルにはできない5つの能力

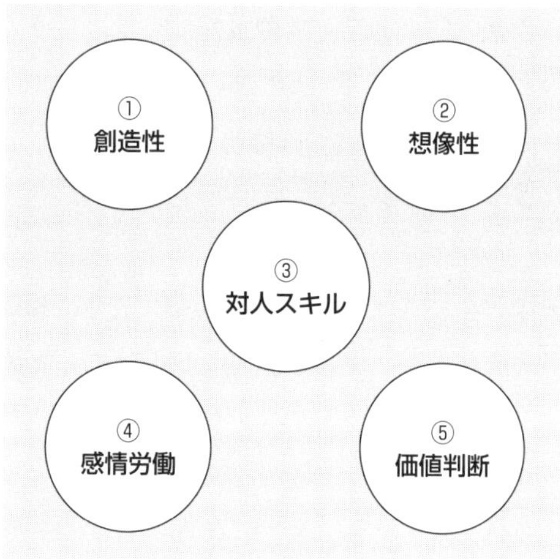

最終的には経営者と腹を割って話をし、価値判断として経営者に寄り添い、最終決断のために背中を押してあげているのではないでしょうか。

そういう意味では、デジタル化が進んでいくこれからの時代において、社労士として本当に重要な能力は「人間としての能力」であり、それをこれからどう培い、発揮していくかが課題になっていくのだと思います。

時代の流れを踏まえれば、**社労士業界自体は今後さらに発展していく**でしょう。

個人単位で見れば、デジタル化の波で大きな影響を受ける社労士の方も出てくるとは思いますが、一方で**デジタルに置き換わらない価値を提供できる社労士**の方がだんだん増えてきており、そういった方々が活躍している世界になっているように見えます。

安中　今のお話は、私が日頃考えていたことを見事に言語化していただいたと感じました。「５つの能力」は社労士に限らず、すべての人にも共通していえる「大事なこと」ですね。

社労士の「潜在的な可能性」に早く気づいて社会で活かしてほしい

大津　最後に本書の読者の皆さんにメッセージをいただければと思います。

水町　社労士の皆さんには、「起業し、自らのイメージに基づいて、社会の中でその能力を活かしていく」という可能性だけでなく、「組織の中で働きながら、自らのキャリアの基盤として社労士の知識を活かしていく」という方向に進む可能性もあります。

皆さんのこれからのキャリアの展開や人生の進み方の中で、社労士の資格が、様々な形で重要になると思いますが、**その仕事の中身を実際に知れば、「このような方向性で自分の能力を活かすことができる」「働いている人や企業の役に立つことができる」ということがわかる**と思います。

まだ若い人ですと、「分厚い問題集を勉強して受験する士業の１つ」といったイメージだけがあるのかもしれませんが、これまでも社労士は重要な役割を果たしてきましたし、今後はさらに重要な役割を担うことになると思います。

社労士の職責が持つ「潜在的な可能性」に気づき、自分の人生の選択肢の１つとして勉強し、その能力を活かしていくことを考えてほしいと思います。私も、そうした社労士の皆さんを応援する役割を、いろいろなところで果たしていければと思っています。

大津　水町先生、本日は社労士に対する力強いメッセージをいただき、ありがとうございました。

おわりに

本書を最後までお読みいただき、ありがとうございました。

社労士制度も1968年の制度創設から55年が経過しました。

今では人気の国家資格の１つとして数えられるようになり、毎年50,000人前後の方々が受験の申込みを行い、3,000人近い合格者が生まれています。

しかし、SNSを見ていると、受験生の皆さんが、社労士の仕事の内容を十分に理解する機会もないまま、日々の試験勉強をされていたり、社労士試験合格者や若手社労士の皆さんが「先輩社労士から話を聞きたい」と思いながらも、そのような場に恵まれないといった状況を頻繁に見聞きしていました。

「多くの犠牲を払いながら試験勉強をされ、またその結果、合格された皆さんを応援するために、何かできることはないだろうか」
と考えて企画されたのが本書となります。

本書は、社労士制度の理解に始まり、社労士試験、開業時のポイント、実務能力の磨き方、顧客開拓・サービス開発、さらには必要なマインドセットまで、非常に幅広い内容で構成されており、これまでにない書籍に仕上がっています。

この多様な内容を、読者の皆さんに最高の形でお伝えするために声をかけさせてもらったのが、今回の共著者である５名の社労士の方々です。

全員が各分野において豊富な実績を持つベテランであり、かつ人間的にも本当に尊敬できる、私にとってはベストの布陣で本書を書き上げることができました。

社労士受験生や若手社労士を応援したいという想いに共感し、本当に忙しい中、チームに加わってくれた５名の仲間たちには感謝しかありません。また、編集者として、我々執筆陣を支えていただいた日本実業出版社の佐藤美玲様にも最大限の感謝の気持ちをお伝えしたいと思います。ありがとうございました。

社労士は、社会をよくすることができる素晴らしい仕事です。

本書を通じて、社労士の仕事の魅力が１人でも多くの皆さんに伝わり、社労士になりたいと思う方が、これまで以上に増加することを願っています。

執筆者代表

大津章敬

執筆者略歴

大津 章敬（おおつ あきのり） 全体取りまとめ、CHAPTER0執筆

社会保険労務士法人名南経営　代表社員。株式会社名南経営コンサルティング　代表取締役副社長。愛知県社会保険労務士会所属。早稲田大学法学部在学中の平成4（1992）年に社会保険労務士試験に合格。卒業後、平成6（1994）年に新卒で名南経営に入社。企業の人事制度整備・就業規則策定など人事労務環境整備が専門。その他、中堅・上場企業を中心とした人事労務顧問契約を数多く受託し、企業経営を人と組織の面から支える仕事を行っている。著書として『中小企業の「人事評価・賃金制度」つくり方・見直し方』『生産性が高い「残業ゼロ職場」のつくり方』（以上、日本実業出版社）など多数。
https://meinan.net/

林　由希（はやし ゆき） CHAPTER1執筆

ラクシュミー社会保険労務士事務所　所長。株式会社Laxmi代表取締役。一般社団法人金澤レディース経政会　執行理事。石川県社会保険労務士会所属。北陸大学卒業。結婚・出産を経て、生命保険会社にて勤務して5年後、病気休職、復職できず退職。退職後に社会保険労務士試験に挑戦、2010年合格、2011年開業。自身の経験から、「育児と仕事」、「病気と仕事」、「介護と仕事」の両立支援を双方向から支援することで誰もが働くことをあきらめない社会づくりを、また金澤レディース経政会の理事として、女性リーダーの育成、学び続けたい女性リーダーを支える活動に力を入れている。
https://laxmi-sr.jp/

中村 秀和（なかむら ひでかず） CHAPTER2執筆

社会保険労務士法人ココフル　代表社員。1967年生まれ。大学で機械工学を専攻し、エンジニアを目指す。大学卒業後、東京エレクトロンに入社。自身の思いに反して営業部に配属されるが、先輩との出会いが自身を大きく変えた。営業職の楽しさを見出しつつも、自分に裁量権がある仕事がしたいと家業の花屋を継ぐことを決意。3年間の修行生活の中で中小企業における労働環境に疑問を持ち、労務に関する勉強を始める。自分と同じように中小企業の経営に不安を持つ人を助けたいと思い、社労士になることを決意。平成10（1998）年に社労士として開業。「働く」ということを共に考えることで社員の主体性を引き出し、指示待ち組織が自立型組織に変貌する人材育成を得意としている。
https://ikiikisyain.jp

出口 裕美（でぐち ひろみ）CHAPTER3執筆

社会保険労務士法人出口事務所　代表社員。篠木マネジメント株式会社代表取締役。中小企業マネジメントセンター　理事長。一般社団法人自立した人と組織を育成する協会　理事。東京都社会保険労務士会所属。中央大学商学部在学中から社労士事務所でのインターンなどの勤務を経て、2004年社会保険労務士として開業。主な著書に『新しい働き方対応 会社経営の法務・労務・税務』（新日本法規）、主なDVDに「Word/Excel連絡票を活用した業務受託方法」（日本法令）などがある。社労士業務のデジタル化を通じて、全国の顧問先や社労士事務所にもデジタル化を積極的に提案することで、「多様な働き方」「働き方改革」「人を大切にする企業」づくりのお手伝いをしている。
https://deguchi-office.com/

安中　繁（あんなか しげる）CHAPTER4執筆

ドリームサポートグループCEO。　ドリームサポート社会保険労務士法人　代表社員。東京都社会保険労務士会所属。内閣府規制改革推進会議専門委員。一般財団法人日本プロスピーカー協会認定ベーシックプロスピーカー。1977年生まれ。立教大学社会学部卒業後、一般事業会社、税理士事務所勤務を経て2007年安中社会保険労務士事務所を開設。労使紛争の未然防止、紛争鎮静後の労務管理環境整備、社内活性化のための人事制度構築支援、裁判外紛争解決手続代理業務にあたる。自社開発の人事評価制度を著書『新標準の人事評価』（日本実業出版社）により伝える。他著書多数。
https://dream-support.or.jp/

下田 直人（しもだ なおと）CHAPTER5執筆

一般社団法人自立した人と組織を育成する協会理事長。社会保険労務士事務所エスパシオ代表。株式会社エスパシオ代表取締役。自立型人財・組織育成士。1974年生まれ。2002年開業。当時は全く注目されていなかった就業規則作成を業務の柱とし、全国の企業から依頼を受ける。その後、コーチング、ファシリテーション、原田メソッドなどの技術と陽明学を学ぶ。現在は、人と組織の成長を促す社労士として、労働法の分野に留まらない組織づくり指導により、関与先の業績向上などに貢献している。著書に『新標準の就業規則』（日本実業出版社）、その他13冊がある。
https://sr-espacio.jp/

Go for it!

社会保険労務士として頑張ろうとしている皆さんへのメッセージ

社労士は、企業と働く人の双方を支援することで社会をよくすることができる素晴らしい仕事です。皆さんが活躍する未来を楽しみにしています。安心して頑張ることができる職場と社会をともにつくっていきましょう！

（大津章敬）

社労士はやりがいのある仕事です。でも、大変なこともあります。経営者からの相談は真剣で、真摯に対応する必要があり、責任も重大です。だからこそ、感謝されます。「ありがとう！」といわれる社労士になりませんか。

（出口裕美）

私は社労士の仕事が大好きです。私に相談してくださるすべての方の物語を聞き、成長と笑顔を願って、いつも並走しています。そして、私自身も一緒に成長させていただけています。皆さんもぜひ一緒に成長しましょう！

（林 由希）

企業・組織の一番近くの外側にいる専門家、それが社労士です。数ある士業の中で最もAIには代替できない領域を担っているから、ますます我々の役割は大きくなります。ともによりよい未来を切り拓きましょう。

（安中 繁）

社労士の仕事は夢と希望が広がる素晴らしい仕事です。社会で活躍する人々からまだまだ社労士は必要とされています。何かのきっかけで同じ業界を目指すことになった皆さんと一緒に活躍できる日を楽しみにしています。

（中村秀和）

何事もまずは「決める」こと。「社労士としてやっていく」と心に決めて、それから具体的な策を考えていくこと。そして、自分の人生を受け入れて楽しんでいくこと。それがスタートの時に大切なことだと思います。

（下田直人）

社会保険労務士の世界がよくわかる本

2024年3月1日　初版発行
2024年4月1日　第2刷発行

著　者　大津章敬 ©A.Otsu 2024
林　由希 ©Y.Hayashi 2024
中村秀和 ©H.Nakamura 2024
出口裕美 ©H.Deguchi 2024
安中　繁 ©S.Annaka 2024
下田直人 ©N.Shimoda 2024

発行者　杉本淳一

発行所　株式会社日本実業出版社　東京都新宿区市谷本村町3−29 〒162-0845
編集部 ☎03-3268-5651
営業部 ☎03-3268-5161　振　替　00170-1-25349
https://www.njg.co.jp/

印刷／厚徳社　製本／共栄社

ISBN 978-4-534-06083-9　Printed in JAPAN